Klaus Petersen

Georg Kaiser:
Künstlerbild und Künstlerfigur

Kanadische Studien zur deutschen Sprache und Literatur

Etudes parues au Canada en relation
avec la philologie et la littérature Allemandes

Canadian Studies in German Language and Literature

herausgegeben von
Armin Arnold · Michael S. Batts · Hans Eichner

No. 15

Klaus Petersen

Georg Kaiser:
Künstlerbild und Künstlerfigur

Herbert Lang
Bern · Frankfurt/Main · München
1976

Klaus Petersen

Georg Kaiser: Künstlerbild und Künstlerfigur

Herbert Lang Bern
Peter Lang Frankfurt/Main und München
1976

ISBN 3 261 01913 1

©

Herbert Lang & Cie AG, Bern (Schweiz)
Peter Lang GmbH, Frankfurt/M. und München (BRD)
1976. Alle Rechte vorbehalten.

Durck: Lang Druck AG, Liebefeld/Bern (Schweiz)

This book has been published with the help of a grant from the Humanities Research Council of Canada, using funds provided by the Canada Council. I am most grateful for this subsidy and a research grant awarded by the Canada Council.

It is with profound gratitude that I acknowledge the benefits which this study has recieved from the critical comments and helpful suggestions made by Professor Mark Boulby (U.B.C.). I also sincerely express my thanks to Dr. Walther Huder, Director of the "Georg-Kaiser-Archiv" in Berlin, for the help and cooperation provided by him and his staff.

Klaus Petersen
(University of Winnipeg)

INHALT

EINLEITUNG

Obwohl Georg Kaisers Beitrag zur deutschen Dramatik dieses Jahrhunderts allgemein anerkannt wird, zeigt sich überall dort grosse Ungewissheit, wo es darum geht, ihm einen bestimmten Rang oder eine bestimmte Stellung im Zusammenhang der Literaturgeschichte zuzuweisen. Zwar fehlt es nicht an Versuchen, sein Gesamtwerk zu würdigen – ein "Kaiser-Bild" aber, und wäre es auch anfechtbar, hat sich bisher nicht durchgesetzt. Trotz seiner glänzenden Bühnenerfolge in den zwanziger Jahren, trotz zahlreicher Forschungsbeiträge sind uns Person und Werk dieses Dramatikers erstaunlich fremd geblieben. Das liegt zum Teil an einer Reihe äusserer Umstände: Zunächst einmal hat es nach dem Tode des Dichters im Juni 1945 Jahrzehnte gedauert, das ausserordentlich umfangreiche Werk zu erfassen und zu ordnen. Da Georg Kaiser – geboren am 25. November 1878 in Magdeburg – häufig seinen Wohnort wechselte und schliesslich, vor den Nationalsozialisten fliehend, die letzten sieben Lebensjahre im Exil verbrachte, da er seine Stücke immer wieder umschrieb – von der *Jüdischen Witwe* (1904) zum Beispiel gibt es sechs Varianten – und die Neufassungen zuweilen mit neuen Titeln versah, da er seine Dramen zuerst im Privatdruck und dann in verschiedenen Verlagen veröffentlichte, da er sich beharrlich weigerte, zur Chronologie seiner Werke Stellung zu nehmen und Manuskripte ins In- und Ausland verschenkte, wusste schliesslich niemand mehr, was er geschrieben hatte. Selbst Hermann Kasack zum Beispiel, einer der wenigen persönlichen Bekannten des Dramatikers, war der irrigen Meinung, Kaiser habe erst nach seiner Rückkehr aus Südamerika, also nach 1901 zu schreiben angefangen.[1] Die ersten fünf Schauspiele des Dichters, darunter die Groteske *Schellenkönig* (1895/96), waren ihm unbekannt. Der Forschung war die blosse Zahl der Dramen lange Zeit ein Geheimnis. Fivian spricht 1946 von "über 40 Dramen,"[2] Gerd Neermann schreibt vier Jahre später, Kaiser habe 59 Stücke verfasst,[3] nach Klaus Kändler sind es 1958 "rund sechzig Dramen,"[4] in Wirklichkeit sind es 74, von denen vier verschollen sind.

---

[1] Vgl. Hermann Kasack, *Mosaiksteine: Beiträge zu Literatur und Kunst* (Frankfurt/ Main, 1956), S. 240/41.

[2] E. A. Fivian, *Georg Kaiser und seine Stellung im Expressionismus* (München, 1946), S. 7.

[3] G. Neermann, "Stil und Dramenformen der Hauptwerke Georg Kaisers," (Diss. Tübingen, 1950), S. 2.

[4] K. Kändler, "Georg Kaiser, der Dramatiker des neuen Menschen," *Wissenschaftliche Zeitschrift der Karl Marx Universität Leipzig: Gesellschafts- und Sprachwissenschaftliche Reihe,* 7 (1957/58), 297.

In Walther Huders Anthologie von 1966 findet sich die erste zuverlässige Bibliographie des Gesamtwerkes,[5] die erste Gesamtausgabe erschien schliesslich 1971/72.[6] Damit waren endlich die äusseren Bedingungen für eine Übersicht über das Gesamtwerk gegeben, zugleich aber stellten sich erneut jene spezifischen Schwierigkeiten ein, die sich dem Verständnis dieses Dichters von jeher in den Weg gestellt haben: diese verwirrende Fülle von Stoffen, Themen und Formen, die es unmöglich macht, Georg Kaiser auf eine weltanschauliche Position, einen Stil oder eine der erstellten literarischen Epochen festzulegen. "Die ungeheure Vielseitigkeit und das Tempo seiner Produktion machen es Lesern und Hörern des Dichters schwer, den sicheren Blickpunkt für sein Werk zu gewinnen, das wie ein buntes Karussel und mit schaukelnden Figuren vorbeiflirrt," so klagte Bernhard Diebold schon 1924,[7] und damals lag erst gerade etwa die Hälfte des Gesamtwerkes vor. Um so schwerer will es heute gelingen, eine Einheit oder eine Entwicklung in Kaisers Werken zu sehen, zumal wir auch über die innere Entwicklung des Künstlers Georg Kaiser noch kaum etwas wissen.

Da Kaiser im Verlauf seines Schaffens immer wieder auf frühere Stoffe, Motive, Gestalten und Stilgewohnheiten zurückgriff, ist auch eine definitive Periodisierung seines Werkes, das in einem Zeitraum von 50 Jahren entstand, nur mit manchen Vorbehalten zu erstellen. Am klarsten noch lässt sich die frühe, vorexpressionistische Periode von 1895 bis etwa 1912 zeitlich abgrenzen. Die 25 Dramen dieser Zeit – zwei davon sind verschollen – weisen schon die ganze für Kaiser typische formale und thematische Vielfalt auf. Neben Einaktern finden sich Stücke in zwei Teilen, drei-, vier-, und fünfaktige Dramen, Komödien, Tragödien und Tragikomödien. In vielen dieser Stücke ist der Einfluss der zeitgenössischen Literatur, von Naturalismus und Neuromantik sichtbar. Kaiser setzte sich hier mit diesen literarischen Bewegungen auseinander, er lernte an ihnen, ahmte sie nach, benutzte ihre Stoffe, Themen und Gestalten oder parodierte sie. Den Einfluss von Wedekind, Sternheim, Shaw, Ibsen, Hauptmann, Holz und Hofmannsthal auf Kaisers frühe Dramatik hat die Forschung inzwischen herausgearbeitet.[8] Manche Themen werden gestaltet, die für das ganze folgende Werk von Bedeutung bleiben: die Erneuerung des Menschen, die Liebe, die Geist-Leben-Problematik. Vor allem aber zeigt sich auch schon die kaum zu überschätzende Wirkung der

[5] Georg Kaiser, *Stücke, Erzählungen, Aufsätze, Gedichte,* Hrsg. Walther Huder (Köln, Berlin, 1966).
[6] Georg Kaiser, *Werke,* Hrsg. Walther Huder, 6 Bände (Frankfurt/Main, Berlin, Wien, 1971/72).
[7] B. L. Diebold, *Der Denkspieler Georg Kaiser* (Frankfurt/Main, 1924), S. 5/6.
[8] Die beste Zusammenfassung der diesbezüglichen Forschungsergebnisse findet sich bei: Ernst Schürer, *Georg Kaiser* (New York, 1971), S. 19–80.

Philosophie Nietzsches und der zeitgenössischen Lebensphilosophie auf die Dichtung des Dramatikers.[9] Die Hinwendung Kaisers zum Expressionismus um 1912 hat in der Forschung verschiedene Bewertungen gefunden. Während Königsgarten meint, der Expressionismus habe Kaisers Dichtertum "nach langen tastenden Versuchen" zum Durchbruch verholfen,[10] schreibt Paulsen, der Dichter habe sich damals auf Dinge eingelassen, "die seine Sache nicht waren."[11] Kaiser war älter als die meisten jungen, um 1890 geborenen expressionistischen Dramatiker wie Hasenclever, Sorge, Toller und andere. Als er mit *Von morgens bis mitternachts* (1912) sein erstes expressionistisches Drama schrieb, war fast ein Drittel seines dramatischen Gesamtwerks schon entstanden, und eine weitere grosse Anzahl wurde nach dem Abklingen des Expressionismus geschrieben, weshalb seine eigentlich expressionistischen Stücke zahlenmässig weniger als ein Viertel des Gesamtwerks ausmachen. Kaiser schloss sich keiner Richtung innerhalb des Expressionismus an, liierte sich mit keiner der programmatischen Zeitschriften und dichtete auch in dieser Periode von 1912 bis 1922 nicht mit jener Ausschliesslichkeit im Stile des Expressionismus wie andere. Und was seine expressionistischen Stücke selbst angeht, so unterscheiden sie sich meist durch die Beibehaltung der traditionellen, streng durchgeführten Form, wie der Dramatiker sie sich in seiner vorexpressionistischen Zeit erarbeitet hatte, von der übrigen Dramatik des Jahrzehnts. Auf der anderen Seite aber entsprechen sie in ihrer Thematik allen wesentlichen weltanschaulichen Vorstellungen der Bewegung: der Kritik an der alten, verkrusteten bürgerlichen Gesellschaft, dem Dualismus von Ich und Gemeinschaft, dem aktivistischen Drängen auf die Veränderung der Wirklichkeit und dem visionären Ruf nach dem neuen Menschen. Die romantische Grundhaltung der Expressionisten, ihre Erkenntnis von der Scheinhaftigkeit alles Wirklichen, ihr Suchen nach einer höheren Realität, ihre Sehnsucht nach der All-Natur und ihr Subjektivismus sind sogar über die eigentlich expressionistische Stilperiode hinaus bestimmend für das gesamte Werk Georg Kaisers.

In den Jahren zwischen 1923 und 1933 schrieb Kaiser zwölf Dramen von sehr unterschiedlichem Charakter. Da entstanden mit *Kolportage* (1923/24), *Papiermühle* (1926), *Der Zar lässt sich photographieren* (1927) und *Zwei Krawatten* (1929) eine Reihe von Komödien und Musicals mit für diesen Dramatiker so ungewöhnlichen Zugeständnissen an die Zeit- und Publikums-

[9] Vgl. H. Reichert, "Nietzsche and Georg Kaiser," *Studies in Philology,* 61 (1964), 85–108; und G. Martens, *Vitalismus und Expressionismus* (Stuttgart, Berlin, Köln, Mainz, 1971), S. 258–288.

[10] H. F. Königsgarten, "Georg Kaiser, der Dramatiker des Geistes," *Der Monat,* 4 (1952), 519.

[11] W. Paulsen, "Georg Kaiser im expressionistischen Raum: Zum Problem einer Neudeutung seines Werkes," *Monatshefte* (Wisconsin), 50 (1958), 303.

geschmack, dass Neermann urteilt, bei Kaiser habe sich hier "eine beinahe völlige Umstellung vom Ideendichter zum Stückeschreiber" vollzogen.[12] In dem gleichen Zeitabschnitt schrieb Kaiser aber mit *Gats* (1924), *Zweimal Oliver* (1926) und *Mississippi* (1927/29) auch Stücke, in denen Technik und Thematik des Expressionismus nachwirkten. Zur gleichen Zeit entstanden mit *Oktobertag* (1927) und *Hellseherei* (1928/29) zwei "Frauenstücke,"[13] in denen der für Kaiser typische Dualismus von Illusion und Wirklichkeit dargestellt ist. Mit dem Stück *Die Lederköpfe* (1927/28) und dem Dialog *Die Ächtung des Kriegers* (1929) warnte der Dichter vor dem drohenden Militarismus und Faschismus in Deutschland.

Sein ausgesprochener Pazifismus und Antifaschismus machte Kaiser den nationalsozialistischen Machthabern unliebsam. Die SA nahm sein "Wintermärchen" *Der Silbersee* (1932) zum Anlass, bei der Uraufführung am 18. Februar 1933 im *Alten Theater* in Leipzig – Kaiser war anwesend – einen Theaterskandal zu inszenieren, und seitdem waren seine Stücke zwölf Jahre lang von den deutschen Bühnen verbannt. Für den geächteten Dichter begann, bis er sich 1938 zur Flucht entschloss, eine Zeit der inneren Emigration. In der Zurückgezogenheit in Grünheide entstanden neben einer Komödie und einem Künstlerdrama vier Stücke, die die Flucht aus der Wirklichkeit in die Isolation oder eine Traumwelt gestalten. Alle sind den Zeitproblemen deutlich entrückt, jede Kritik am Regime wird vermieden.

Erst nach der Flucht in die Schweiz nahm Georg Kaiser die Auseinandersetzung mit der politischen Gegenwart in einer Reihe von pazifistischen und antimilitaristischen Stücken wieder auf. Wie nie zuvor setzte sich der Dichter in seinem dramatischen Werk jetzt mit seiner Zeit und seinem eigenen Schicksal auseinander. Die gesellschaftlichen und politischen Verhältnisse in Deutschland, Krieg und Militarismus erfahren ihre schärfste Verurteilung, tiefster Pessimismus, ja Menschenverachtung brechen hervor. Selbst die letzten drei Stücke, die sogenannten "griechischen Dramen," in denen Kaiser, losgelöst von allem Zeitkostüm, auf Stoffe aus der griechischen Mythologie zurückgriff, dienten vornehmlich dem Angriff auf den Militarismus und der Verurteilung der Menschen als Ungeheuer.

Angesichts der Schwierigkeit, dieses umfangreiche und vielgestaltige Werk unter einem übergeordneten Gesichtspunkt zu deuten, angesichts einer fehlenden zentralen Idee sowie einer gradlinigen stilistischen Entwicklung, blieb die Frage nach der letzten philosophischen Überzeugung wie der künstlerischen Absicht dieses Dramatikers bisher durchaus unbeantwortet. Um einer Deutung näher zu kommen, will diese Arbeit Kaisers Vorstellung vom

---

[12] G. Neermann, op.cit., S. 99.
[13] Unter dieser Bezeichnung fasst E. Schürer, *Georg Kaiser* (New York, 1971), S. 140 neun Dramen aus der Zeit von 1918 bis 1938 thematisch zusammen.

Künstler untersuchen und mit seiner eigenen Künstlerpersönlichkeit in Beziehung setzen. Als Quellenmaterial dienen die Theoretischen Schriften und Künstlerdramen, die unveröffentlichten Briefe Georg Kaisers an Mitglieder seiner Familie und an Freunde, Briefe von Freunden untereinander, Berichte seiner Brüder und ärztliche Gutachten.

Was die Werke Georg Kaisers angeht, so stützt sich diese Arbeit mit einer Ausnahme auf den Text der neuen Kaiser-Gesamtausgabe, der wir auch in den – oft vom Herausgeber erschlossenen – Datierungen folgen.[14] Unveröffentlichte Dokumente werden, soweit nicht anders bezeichnet, nach den im *Georg Kaiser Archiv* (GKA) in Berlin aufbewahrten Originalen und Kopien zitiert.

---

[14] Zitaten folgen in Klammern jeweils die Bandzahl in römischen, die Seitenzahl in arabischen Ziffern. Unterstreichungen stammen von Kaiser selbst. Die erwähnte Ausnahme bildet Kaisers Dramenskizze "Eine Art Faust" von 1944, die Huder in seine Kaiserausgabe nicht aufgenommen hat. Sie wird daher zitiert nach: *Faust: Eine Anthologie,* Hrsg. E. Midell und H. Henning (Leipzig, 1967), Bd. 2, S. 274/75.

DIE VORSTELLUNGEN VOM KÜNSTLER IN DEN
THEORETISCHEN SCHRIFTEN

Es handelt sich bei den Theoretischen Schriften Georg Kaisers nicht um eine systematische Dichtungstheorie; vielmehr hat Walther Huder in seiner Anthologie von 1966 unter dem Titel "Aufsätze" eine Anzahl jener Äusserungen Kaisers veröffentlicht, die sich mit ästhetischen und philosophischen Fragen im allgemeinen und mit seinem eigenen dramatischen Werk im besonderen auseinandersetzen.[1] Hier finden sich Essays, biographische Notizen, Gedenkworte, Briefe, Gespräche, Antworten auf Presseumfragen und Ähnliches mehr. Schliesslich hat Huder diesen Schriften Tagebuchnotizen von Julius Marx, einem Freund Kaisers aus dem schweizer Exil, hinzugefügt, die sich nach der Veröffentlichung des vollständigen Marxschen Tagebuchs von 1970 noch ergänzen lassen.[2] Wir haben es bei dieser Sammlung heterogener Äusserungen, die insgesamt knapp 100 Buchseiten ausmachen, vornehmlich mit ästhetischen Ideen zu tun. Kaiser macht sich hier Gedanken über die Kunst und den Künstler: über die Form des Dramas, seine Aufgabe, die ihm zugrunde liegende Idee und Absicht und seine Wirkung auf die Zuschauer, über das Verhältnis von Idee und sinnlicher Erscheinung in der Kunst, über die Psychologie des künstlerischen Schaffens und das Verhältnis des Dichters zu seinem Werk, zum Publikum und zu seiner Zeit. Eingestreut sind weltanschauliche Gedanken über das Leben, den Menschen: seine Natur, seine Möglichkeiten, seine Bestimmung und Zukunft, über die Entwicklung der Menschheit: ihre Geschichte, ihre Gegenwart und ihr Ziel und über die Gesellschaft: die moderne Wirtschaftswelt, über Staat, Politik und Krieg.

Was den Wert dieser ganz verschiedenen, zum Teil widersprüchlichen und über 30 Jahre verstreuten Äusserungen innerhalb des Gesamtwerks so umstritten macht, ist die Tatsache, dass sich weder die ästhetischen noch die weltanschaulichen Gedanken in ein geschlossenes System bringen lassen. So kommt zum Beispiel Meese, der die Theoretischen Schriften in seiner Dissertation von 1965 zum erstenmal im Zusammenhang untersucht hat, zu dem Ergebnis, dass Kaiser ein verbindlicher Standpunkt "als Basis und Zentrum seiner Thesen" fehlt,[3] und warnt vor ihrer Anwendung auf das dramatische Werk.[4] Ähnlich riet auch Paulsen, dieses Material "nur mit grösster Vorsicht" zu benutzen.[5] Huder dagegen bezeichnet die Theoretischen

---

[1] Im vierten Band der neuen Gesamtausgabe von 1971/72 ist diese Zusammenstellung von theoretischen Äusserungen noch um zwanzig neu aufgefundene Beiträge ergänzt worden.
[2] J. Marx, *Georg Kaiser, ich und die anderen* (Gütersloh, 1970).
[3] A. Meese, "Die Theoretischen Schriften Georg Kaisers," (Diss. München, 1965), S. I.
[4] A. Meese, op.cit., S. 87.
[5] W. Paulsen, "Georg Kaiser im expressionistischen Raum," S. 300.

Schriften als "Schlüssel zum Gesamtwerk, zur Existenz und geistigen Haltung des Autors,"[6] und auch Denkler fordert dazu auf, diese Äusserungen Kaisers ernst zu nehmen.[7] Was hier über den Künstler und das Künstlerische gesagt wird, wechselt mit dem jeweiligen philosophischen und ästhetischen Gedanken. Und ein zusammenfügbares Bild des Künstlers entsteht dabei nicht. Es soll daher hier zunächst nur darum gehen, die einzelnen Vorstellungen vom Künstler zu sammeln und zu gruppieren. Ihre Bedeutung und ihr Zusammenhang kann dann erst im Vergleich mit der Künstlerpersönlichkeit Georg Kaisers und den zahlreichen Künstlerfiguren seines dramatischen Werkes deutlich werden.

Dienst an der Menschheit

In seinem Aufsatz "Vision und Figur" von 1918 stellt Georg Kaiser den Dichter und die Dichtung unter das Gesetz der Vision. Die Vision ergreift den Dichter mit "Heftigkeit," sie ist das Gesetz, dem er von Geburt an untersteht: "Nur von diesem Gegenstand kann er noch reden – will nur noch zu diesem überreden" (IV, 547). Mag sein Werk auch vielgestaltig sein, mag er seine Figuren aus verschiedenen Weltgegenden und Zeitaltern holen, der Gegenstand seiner Dichtung bleibt sich gleich: "Das einzig Eine zu wiederholen, ist ihm bestimmt. Irrte er einmal von seinem Thema – das These ist – ab, fördert er den Irrtum, der bei der Menge ist – und mischt ihn tiefer" (IV, 548). Auf die Frage nach dem Inhalt dieser Vision antwortet der Dramatiker: "Es gibt nur eine: die von der Erneuerung des Menschen" (IV, 549). In anderen theoretischen Äusserungen dieser Zeit wird diese These wiederholt. So schreibt Kaiser in einem Vorwort zu den graphischen Mappen des A. Karl Lang Verlags aus dem gleichen Jahr: "Unabweisbarer Befehl sagt dem Künstler Aufzeichnung von Vision, deren Gewalt einziges Mass seiner Berufenheit wird" (IV, 549), und in einem "Offenen Brief" an Hans Theodor Joel im Februar 1919 heisst es: "Der Dichter sagt die unaufhörliche Wiederholung seiner ersten Vision, die ihn früher bedrängte, da sie gewaltig war" (IV, 551). Die Vision ist Antrieb seiner Arbeit, sie ist ihr Inhalt, aber auch ihre Form; sie färbt seine Sprache, trägt seine Mitteilung, sie macht die Einheit und Bewegtheit seines Werkes aus. Und sie bestimmt das Verhältnis des Künstlers zu seinen Mitmenschen, denn sein Werk ist durch die Vision "grosse Mitteilung" (IV, 547). Er ist Deuter der "Werk-Macht" (IV, 549) des Menschen zu sich selbst, er leitet seine Erneuerung ein; das Geheimnis weniger

---

[6]   W. Huder, "Nachwort," in: Georg Kaiser, *Stücke, Erzählungen, Aufsätze, Gedichte*, S. 789.
[7]   H. Denkler, *Kaiser, "Die Bürger von Calais." Drama und Dramaturgie. Interpretation.* (München, 1967), S. 48.

wird Anspruch aller: "Aus Vision und Vision brennt neues Bild von Welt, die wird, auf" (IV, 549). Damit sind die Kunst und der Künstler bei Georg Kaiser in den Dienst der Erneuerung des Menschen gestellt. Die Oberflächlichkeit und Naivität der Erneuerungskonzeption, wie sie sich aus den theoretischen Äusserungen zusammenstellen lässt, muss wohl gerechterweise auch damit erklärt werden, dass Kaiser sie nie als eine systematische Darstellung seiner Lebensauffassung konzipiert hat.[8] Ein kurzes Eingehen auf diese Vision von einem neuen Menschentum lohnt sich hier deshalb, weil sie Kaisers ästhetische Absichten und eben gerade auch sein Künstlerbild weitgehend mitbestimmt.

In seinem Aufsatz "Der kommende Mensch" von 1922 schreibt der Dramatiker, der Mensch sei ursprünglich vollkommen, eine Ganzheit, "komponiert aus Kopf und Hirn und Herz und Blut" (IV, 570), ausgezeichnet durch seine "zusammenfassende Kraft" (IV, 568) und die Vielheit seiner Fähigkeiten. Der Mensch der Gegenwart aber hat nach Kaiser beides verloren, ist verkümmert. Er unterlässt die Zusammenfassung aller Kräfte und "unterliegt der Versuchung, *eine einzelne* Fähigkeit auszubilden. Er wird Spezialist" (IV, 568)! Der Grund für diese "Zersplitterung" (IV, 568) kommt von aussen, ist bedingt durch die moderne Arbeitswelt. "Sie wendet sich gegen die Allheit des Menschen und verstümmelt die Universalität zur Spezialität" (IV, 570). Aus dieser negativen Beurteilung des gegenwärtigen Menschen und der modernen Zivilisation ergibt sich Kaisers Drängen nach Veränderung und der Vorbereitung einer besseren Zukunft. Diese Entwicklung will er nicht in der Form einer progressiven Weiterentwicklung des einmal beschrittenen Weges verstanden wissen, sondern gleichsam als rückwärtige Bewegung im Sinne einer Regeneration. Das ursprüngliche, eigentliche Wesen des Menschen soll wiederhergestellt werden. Der Mensch muss sich seine "prästabilierte Vollendung" (IV, 568) wieder ins Bewusstsein bringen, so argumentiert Kaiser: "Das ist sein Weg – sein Werk – und sein Ziel" (IV, 568). Der Mensch der Zukunft, der die ursprüngliche Totalität in sich wiederhergestellt hat, ist der "gekonnte Mensch" (IV, 571). Dass diese Entwicklung in eine höhere Zukunft, die Erneuerung des Menschen möglich, ja wahrscheinlich ist, steht für Kaiser in diesem Aufsatz jenseits aller Zweifel. Seine Zuversicht kennt keine Grenzen. Er glaubt an den Menschen, er preist seine Geschicklichkeit und ist davon überzeugt, dass er die gegenwärtigen "ökonomischen Schwierigkeiten" (IV, 569) überwinden wird: "Der Mensch ist auf dem Weg" (IV, 567), versichert er: "Das Ziel *ist* erreichbar. Es wird erreicht. Bestimmt tritt ein: das All seiner Fähigkeiten wird entwickelt – befreit aus dem speziellen Fall seiner Beschäftigung. Es verschwinden Talente und Patente – jedem ist alles offen – aus der Spezialität dringt er in die Totalität" (IV, 571). Es geht dabei nicht

---

[8]   A. Meese hat im zweiten Teil seiner Dissertation "Die Theoretischen Schriften Georg Kaisers" die weitgehende Übereinstimmung von Kaisers Erneuerungskonzeption mit der anderer expressionistischer Schriftsteller nachgewiesen.

nur um den einzelnen, die Erneuerung soll auf alle übergreifen und so eine neue Welt entstehen lassen: "Fortschritte Einzelner werden von der Gesamtheit eingeholt. Der Berg wird zur Ebene, auf dem alle siedeln. Dann reguliert sich die Energie irdisch und erhaben. Der Mensch ist da!" (IV, 571).

Diese Höherentwicklung in die ursprüngliche Vollkommenheit bedarf jedoch des Anstosses, der Mensch braucht einen Deuter, Verkünder und Führer. Das ist der Dichter, sein Medium die Kunst. Die Menschen wissen nichts von dem "gekonnten Menschen," von der Möglichkeit, die Totalität in sich wiederherzustellen. "Deshalb zeigt sie ihnen der Dichter, und er zeigt sie ihnen am eindringlichsten im Theater. . . . Hier ist Plakat, Aufruf, ein Wegweiser, der nicht leicht übersehen werden kann" (IV, 565). Von dieser Wirkungsmöglichkeit des Dichters ist Kaiser in vielen Äusserungen überzeugt. Am stärksten in einem Gespräch mit Karl Marilaun von 1921, wo er erklärt: "Die Wirkung wird sich schon einstellen, heute, morgen oder in Jahren. Der Dichter weist einen Weg. Er eröffnet Möglichkeiten eines neuen Menschentums. Diesen Weg gehen, diese Möglichkeiten begreifen müssen die andern" (IV, 564).

Die Abstraktheit der Erneuerungskonzeption, wie sie an Kaisers Aufbruchsdramen – an den *Bürgern von Calais* (1912/13) zum Beispiel und *Hölle Weg Erde (1918/19)* – zu beobachten ist, zeigt sich auch in den Theoretischen Schriften. Kaiser sieht den Vorgang der Erneuerung nicht im Zusammenhang der Geschichte. Ebensowenig denkt er hier in psychologischen oder politischen Kategorien. Vielmehr handelt es sich bei seiner "Synthese Mensch" (IV, 569) um eine philosophische Idee, deren Verwirklichung zeitlich genauso unbestimmt bleibt wie etwa die des Übermenschen bei Nietzsche. Die Gegenwart wird als "Übergang für kommende Menschheit" (IV, 567) verstanden, wobei Vergangenheit und Zukunft unhistorisch bleiben. So heisst es in dem Aufsatz "Der kommende Mensch:" "Der Mensch ist auf dem Weg! Es bleibt für uns unmessbar, welche Strecke er bereits zurückgelegt hat – welche Länge von Weg sich vor ihm hinausdehnt. Das Wissen um diese Bewegung in eine Zukunft hinein genügt heute" (IV, 567).

Beides, das Wissen um diese Bestimmung des Menschen wie die Richtung der erhofften Entwicklung leitet Kaiser letztlich aus dem Mythos her. Den Begriff "Mythos" bestimmt er in einem Aufsatz von 1919 als die "Forschung nach dem Ursprung der Vernichtung der Einheit" (IV, 554). Als Beispiele dienen ihm der biblische Paradiesmythos und der Mythos des androgynen Menschen, den Aristophanes in Platons *Gastmahl* vorträgt. Diesen mythischen Nachrichten über den Verlust der menschlichen Vollkommenheit stellt Kaiser den "Mythos vom Menschen" (IV, 555) entgegen, für den ihm Sokrates als Vorbild dient. "Wohin schiebt Mythos des Sokrates Aufbruch? In Vorstadtstrassen – Marktwinkel. Es geht um den Anlass, der fasslich ist. Das sind Unterhaltungen mit Handwerkern, Händlern, die in Strassen – auf Märkten sind. Der Mythos stützt sein himmlisches Gezelt auf Pfosten, die tief in die

Erde versenkt sind. Solcher Unterbau trägt und erlaubt die Erhöhung des Gebildes dicht an den Himmel – und rollt noch Himmel und Sternschwarm unter die Kuppel seines vereinenden Doms" (IV, 555). Diese mythische Ausweitung der Sokratesgestalt stimmt fast wörtlich überein mit Kaisers Definition des "gekonnten Menschen" in seinem Aufsatz "Der kommende Mensch," wo er versichert: "Ich glaube an diesen Menschen – denn mit Glauben errichtet sich schon der Dom, der seine Gründe tief im Erdreich hat und mit der Spitze in den Himmel stösst" (IV, 571). Die Tendenz nach Erweiterung, sei es in zeitliche Unendlichkeit, sei es räumlich in die Weite des Alls, drängt nach Wiederherstellung der Einheit, nach Verbindung von Anfang und Ende, von "Niedrigkeit und Höhe" (IV, 555). Und in dieses Bezugssystem stellt Kaiser die Vision von der Erneuerung des Menschen. Sie "verbindet Anfang und Ende ohne Anfang und Ende. Alles ist die Vision – weil sie *Eins* ist. Das *Eine,* das an sich Himmel und Erde und den himmlisch-irdischen Menschen schliesst" (IV, 548). Und wenn die Dichtung aus der Vision entsteht, so ist es nun nur folgerichtig, dass auch in der Dichtung der Mythos zum Tragen kommt: "Das wird Ziel von Kunst, die formt: Einheit zu wölben über Zerstreutem – Zerrissenem" (IV, 554).

Nur wenn Dichtung das menschliche Wesen im Sinne des Mythos deutet, selber Mythos gestaltet, ist sie berufen und in der Lage, dem Menschen den Weg der Erneuerung aufzuzeigen, so meint Kaiser: "Denn ich bin der Ansicht, dass jene Zusammenfassende Kraft, die des Menschen besondere Eigentümlichkeit ist, im Vorgang der Dichtung heute den vorläufig beweiskräftigsten Ausdruck hat" (IV, 568). Das Theater wird zum "Anlass," der den Zuschauer zu "seiner eigenen, schaffend verwandelnden Kraft" (IV, 550) verhilft. Tatsächlich erscheint der Dichter in diesem Zusammenhang als grosser Ordner, der die menschliche Entwicklung in ein im Mythos vorgegebenes Bewegungsgesetz stellt. Geschichte ist für Kaiser "ein Nacheinander von Vorfällen, die sinn- und zwecklos keinem zunutze sind." Der Dichter greift ordnend ein: "Er schafft Linie in den Wirrwarr. Er konstruiert das Gesetz. Er filtert den Sud. Er entschuldigt den Menschen. Er leistet Dichtung" (IV, 577). Wie sehr sich der Künstler mit seinem Werk der im Mythos vorgegebenen Hoffnung auf eine Rückkehr ins Paradies anpasst, wird deutlich in Kaisers Aufsatz "Historientreue" von 1923, wo es über die Aufgabe der Dichtung heisst: "Ins Sinnlose baut sie Gerüst von Notwendigkeit. Wahllos vorgeworfenes Material verteilt sie zu Bau. Das Tiertum Mensch treibt sie mit diesem Willen zur Erfindung der Idee aus seiner Selbstschändung ins Paradies zurück. Noch die Engel am Portal senken die Schwerter vor diesem neuen heldischen Menschen" (IV, 577).

Wie der Dichter, der "heute vollendbarste Typus Mensch" (IV, 573), mit dieser vom Mythos sanktionierten Leistung der Menschheit einen unschätzbaren Dienst erweist, so wird ihm aber doch in Kaisers Theoretischen Schriften überall dort der Anspruch auf Lohn und Ansehen abgesprochen, wo er als blosses Werkzeug der überzeitlichen Macht der Vision gesehen wird, der er "unabweisbar gehorchen" (IV, 590) muss. In Kaisers Stück *Der gerettete Alkibiades* von 1919 vertritt Sokrates die Meinung, dass das Streben nach persönlichem Ruhm den Dichter von seiner eigentlichen Aufgabe ablenken würde. Hier wird dem Dichter, der einen bedeutenden Theatererfolg errungen hatte, ein Gastmahl gegeben. Kein Athener — ausser Sokrates — hatte die Vorstellung versäumt, und nun sitzt er unter den Freunden und geniesst seinen Ruhm. Auf seine Bemerkung, die Griechen hätten ihn mit der "blauen Binde" (I, 789) bekränzt, fragt Sokrates: "Warum dir, wenn dein Werk von allen begriffen wurde und schon jeder heute sein Schöpfer ist, der du gestern warst? " (I, 789). Dieser Einwand des Philosophen entspricht Kaisers Auffassung, dass der Wert eines Kunstwerks über seine Funktion, den Zuschauer zur eigenen schöpferischen Leistung anzuregen, nicht hinausgeht und von diesem gewissermassen absorbiert wird. Dichten ist Dienst an der Idee, die sich im Zuschauer verwirklichen soll. Für sich als Person verdient der Dichter keinen Lorbeer. Nur in der Wirkung wird er unsterblich. Es liegt hierin die gleiche Tatethik, die in den *Bürgern von Calais* verkündet wurde. Der "Drama-Täter" (IV, 575) lebt weiter in seinem Werk, das in den Mitmenschen als wirkende Kraft aufgeht.

Drama-Täter

In manchen theoretischen Äusserungen um 1923 sieht Kaiser die Erneuerung des Menschen vornehmlich als eine Steigerung der vitalen Lebenskräfte. "Die kräftigste Darstellung von Energie ist der Mensch" (IV, 567), hiess es schon in seinem Aufsatz "Der kommende Mensch." Während dort aber noch die Energie das Mittel zur Herstellung der Totalität im Menschen und damit einer eher idealistischen Konzeption unter- oder zumindest eingeordnet war, so erhält sie in anderen Äusserungen Eigenwert, wird nicht nur mehr die Grundlage, sondern auch das Ziel der menschlichen Höherentwicklung. "An allem Anfang war Energie. Sie wird sich auch ins unendliche Ende durchsetzen" (IV, 572), beginnt Kaiser seinen Essay "Formung von Drama" (1922). Der Mensch wird hier als Träger von Energie gesehen. Sie ist Substanz und Darstellung seines Wesens: "Zweck ist Energie — von Ursprung bis in die Vollendung. Energie um der Energie willen — da fällt Tun und Sein des Tuns ineins; die Ergebnisse sind nebensächlich" (IV, 573). Die Höherentwicklung des Menschen entbehrt jetzt jedes ideelle oder soziale Ziel, ja jegliche Zielsetzung wird ausdrücklich abgelehnt: "Mit Ziel — mit Zweck des Endes sänke der Mensch zusammen zur affigen Ungeburt. Er lebt, pocht Atem um der Auferstehung willen. Die ist immer das Heute — das Nun — die pralle Sekunde" (IV, 573). Das Leben ist Durchgang, "Durchgang zur mächtigeren Darstellung. Nicht um des Knalleffektes — um der Darstellung willen" (IV, 573). Wie bei Nietzsche lässt sich der Mensch in seinem Wesen hier nicht mehr bestimmen, weil er nie aufhört, sich zu verändern. Im dauernden Wechsel von Selbstzerstörung und Selbstgestaltung muss jede Existenzform um der Zukunft willen wieder zerbrechen: "Grossartig der unermüdliche Verbrauch von Mensch. Prunkend seine unerschöpfliche Wiederkehr — der Zwang ist aus der Vitalität, die sich in Energie ballt und entladet — entladet und ballt, gelöst von Ziel, da Sein schon Zweck ohne Rest ist" (IV, 673).

Auch in seinem Aufsatz "Der Mensch im Tunnel" von 1923 verkündet Kaiser ganz in diesem Sinne: "Aufs Leben kommt es an. Das ist der Sinn des Daseins. Sein erschöpfendes Erlebnis. Alle Strassen führen dahin — aber alle Strassen müssen marschiert werden" (IV, 580). Wenn der Dramatiker seine Feier des Lebens mit dem zitierten "Verbrauch von Mensch" verbindet, dann drückt das Nietzsches Gedanken von der Einheit von Selbstgestaltung und Selbstzerstörung aus. Nur im Untergang ist der Übergang möglich, wie Zarathustra es lehrte: "Was geliebt werden kann am Menschen, das ist, dass er ein *Übergang* und ein Untergang ist."[9] Der Untergang führt zu einem "neuen Morgen,"[10] oder, wie Kaiser es ausdrückt, zur "Auferstehung" (IV, 573). Kaiser spricht in diesem Aufsatz nicht mehr von der Menschheit oder den Menschen, sondern immer entweder nur von "der Mensch" (IV, 580/81) oder einfach von "Mensch" (IV, 580). Wichtiger noch als der Mensch ist aber überhaupt das Leben, das ganz im Sinne Nietzsches als dynamisches, ewiges Werden verstanden wird, als Durchgang, weshalb Kaiser hier für die menschliche Existenz das Bild vom Tunnel wählt.

Wo eine solche rein vitalistische Bestimmung des Menschen und seiner Entwicklung in Kaisers Theoretischen Schriften vorherrscht, werden auch die Kunst und der Künstler gänzlich unter dem Begriff der Energie gesehen. "Form von Energie ist Dichtung," heisst es in der Schrift "Der kommende Mensch." "Mit dieser Festsetzung tritt die neue Ästhetik auf. Die bisherige von Furcht und Mitleid für Wirkung von Dichtung besteht nicht länger. Wir urteilen nur noch nach Stärke und Schwäche der verausgabten Energie des Schöpfers von Dichtwerk" (IV, 570). Die Psychologie des künstlerischen Hervorbringens, der Inhalt und die Form der Dichtung wie ihre Wirkung im Zuschauer werden vitalistischen Kategorien unterworfen. In seinem Essay "Formung von Drama" (1922) schreibt Kaiser, der "Dramadichter" sei "die kräftigste Art Mensch" und "der verdichtendste Träger von Energie, die zur Entladung drängt" (IV, 573). Das Drama ist ihm "eine Möglichkeit zu Stauung und Auswurf von Energie" (IV, 573), die sich dann auch im Zuschauer verwirklichen soll: "Der schöpferische Mensch — kann zusehen und zuhören und im Gleichnis des *Helden* den Dichter — und sich selbst am

---

[9]   Friedrich Nietzsche, *Werke in drei Bänden,* Hrsg. Karl Schlechta (München, 1954) Bd. II, S. 281.
[10]   Friedrich Nietzsche, op.cit., Bd. II, S. 340.

stärksten erleben. Das Vorbild: sich zu gebrauchen — wird unverwickelt gegeben. Man geht aus dem Theater — und weiss mehr von der Möglichkeit des Menschen — von Energie" (IV, 574). Ähnlich bezeichnet Kaiser in seinem Aufsatz "Die Sinnlichkeit des Gedankens" von 1925 die Kunst allgemein als "Ausbruch von Sinnlichkeit" (IV, 587). Kunst sei nicht Eingebung, so betont er. "Kunst ist Angelegenheit des Blutes — das sich in höhere Energie steigert, um Kunst zu produzieren." Der starke Künstler ist "Vermehrer der Blutkörper" (IV, 587).

Diese Art der kreativen künstlerischen Tätigkeit als eine Vermehrung von Leben, das der Künstler aus sich entnimmt und dem Werk verleiht, damit es dem Zuschauer zugute kommt, wird auch in Kaisers *Gerettetem Alkibiades* angesprochen. Dort hatte man dem erfolgreichen Theaterdichter die "blaue Binde" verliehen. Sokrates jedoch empfiehlt dem Dichter, er solle diese Binde ablegen und seiner bronzenen Herme aufsetzen. Auf den Einwand, dass das Ehrenzeichen dem Lebenden gelte, antwortet der Philosoph: "Vergingst du nicht gestern? Entriss der Tausende Beifall dir nicht den Atem — den Herzschlag — den Pulsfieber im weiten Theater? Bist du nicht aus den Ufern getreten — und bliebst eine versandete Quelle zurück — mit dem Weggang der Scharen, die mit sich trugen, was sie dir nahmen? Du bist allgemein und entäussert in dieser Stunde — und wo eine gegossene Bronze deine Züge trägt, ist ihr Leben echter als deine pochende Brust mit Blut und Odem — so entbunden bis du dir selbst! ——" (I, 790). Das vitalistische Bild der Quelle unterstreicht, wie sehr der Dichter als Diener am Leben gesehen wird. Sokrates' Worte stimmen sinngemäss genau mit denen des Vaters von Eustache De Saint Pierre in den *Bürgern von Calais* überein, in denen dieser das Aufgehen des neuen Täters in den Strom des Lebens beschreibt. Die letzten Worte des blinden Greises könnten auch die eines "Drama-Täters" sein: "Ins schaffende Gleiten bin ich gesetzt — lebe ich — schreite ich von heute und morgen — unermüdlich in allen — unvergänglich in allen ———" (I, 577). In seinem "Bericht vom Drama" schrieb Kaiser: "Ins pausenlose Gleiten von Werden geschickt — eine Welle des Stroms kurz festhalten: ist alles was menschlich erreichbar ist. Diese Feststellung einer Sekunde im All leistet der Dramatiker. Mehr nicht, alles darin" (IV, 591). Überzeugt von den Worten des Weisen legt der Dichter im *Geretteten Alkibiades* die Binde ab und bittet Sokrates, seine, des Dichters bronzene Statue damit zu bekränzen. Dieser aber, vom schmerzenden Dorn zur Unbeweglichkeit verurteilt, bittet Alkibiades, die Bekränzung vorzunehmen, und so huldigt das Leben der Dichtung, die ihm dient. Eustache, der neue Mensch, opfert sich wie der "Künstler" Sokrates selbst. Auch er nimmt den Giftbecher. Wenn Sokrates nun aber von dem Dichter sagt, dass er sich "entäussert," indem er als Kraft in seinen Mitmenschen aufgeht, und dass er als "versandete Quelle" zurückbleibt, wenn die Menschen das mit sich tragen, was er ihnen gibt, so überträgt er das Opferethos des "neuen Menschen" auf den Dichter.

Drama-Denker

Die Vorbildlichkeit des Künstlers erscheint in den Theoretischen Schriften drittens als die Grösse des Geistes. Während Kaiser in seinem Aufsatz "Die Sinnlichkeit des Gedankens" von 1925 auch die Denkfähigkeit des Menschen als eine vitalistische Grösse, als Denkkraft und Denkenergie versteht, bezieht er in einem Gespräch mit Hermann Kasack drei Jahre später eine betont dualistische Position. Schon die Überschrift bringt das deutlich zum Ausdruck und klingt wie eine bewusste Absage an Nietzsche: "Der Kopf ist stärker als das Blut" (IV, 597). Kaiser spricht hier von dem unerschöpflichen Gebiet des Geistigen im Menschen, aber er sieht den Geist nicht mehr vom Leib her. Jede vitalistische Bestimmung fehlt. Im Gegenteil, der Geist erhebt den Menschen über alle "Bedürfnisse" (IV, 599). Hatte der Dichter in seinem Aufsatz "Formung von Drama" 1922 noch pathetisch erklärt: "Herrlich Mensch, der in Sackgassen irrt" (IV, 573), so gibt er jetzt mit der "Durchdringung der Welt im Geiste" (IV, 599) dem menschlichen Dasein wieder ein Ziel. "Alle anderen Ziele sind Sackgassen – kein Mensch fährt mit der Eisenbahn, um bloss zu reisen: man will auch irgendwann ankommen" (IV, 599). Hier sind die Konzeptionen von Durchgang, Untergang und Wiederkehr, ist die vitalistische Position aufgegeben. Dem Dasein wird wieder ein Zweck anders als der des Lebens selbst zugesprochen, und es ist auffallend, wie häufig Kaiser in diesem Gespräch auch den Begriff "Menschheit" wieder verwendet. Ganz ähnlich wie in dem Aufsatz "Der kommende Mensch" soll sich die Erneuerung des einzelnen auf die Gemeinschaft übertragen, nur dass jetzt diese Erneuerung nicht mehr in der Wiederherstellung der ursprünglichen Ganzheit des Menschen besteht, sondern in seiner Vergeistigung. Kaiser führt seine eigene geistige Leistung an und fährt fort: "Und was mir geschieht in dieser Zeit, kann von derselben Kraft jedem anderen neben mir geschehen. Dann wird aus Einem: zehn, aus Zehn: zehntausend und schliesslich eine unendliche Versammlung von Kreaturen im Geiste. Ich glaube: was Einer kann, das können alle" (IV, 599). Der Dichter, so betont Kaiser hier, soll den Zuschauer an den geistigen Anspruch im Menschen erinnern, das Theater hat "einen geistigen Wert zu propagieren" (IV, 596).

Dieser Forderung entsprechen alle Äusserungen Kaisers, in denen das Drama als die Darstellung der Vision erscheint. 1922 erklärt er auf eine Rundfrage der Zeitschrift *Das Kunstblatt:* "Die Definition für Kunst: Ausdruck der Idee, die unzeitlich – allgegenwärtig ist" (IV, 571/72). Das Stoffliche wird hier als "Störung" (IV, 572) abgewertet. "Tyrannisiert das Kostüm," so heisst es auch in Kaisers Schrift "Ein Dichtwerk in der Zeit" (1922), "so wird Verständigung mit dem Wesentlichen gehemmt. Es bleibt Befangenheit im Stoff – und es kommt bloss zu jener (untragischen) Spannung, die sich im Stoff-Gebiet erregt und erledigt" (IV, 567). An anderer Stelle geht es Kaiser aber gerade im Gegenteil um die Versinnlichung der Idee im Werk. So heisst es in seinem "Bericht vom Drama" (1926): "Jeder Gedanke drängt nach der Erscheinung. Die letzte Form der Darstellung von Denken ist seine Überleitung in die Figur. Das Drama entsteht" (IV, 590). Damit ist festgestellt, dass in dem Prozess der Versinnlichung eine Intensivierung des Denkens erzielt wird. Bezieht sich dieser Vorgang zunächst allein auf den dichterischen Schaffensprozess, so rechtfertigt sich das Verfahren aber auch unter dem Gesichtspunkt der Wirkung. "Schon Platon fühlt, dass es – um wirken zu wollen – mit der Kontemplation nicht getan sei. Auch dieser weiseste Mensch greift schliesslich zum *Theater,* zu Figuren, die in Rede und Gegenrede den plastisch gewordenen Gedanken ins Hirn und Herz des Zuschauers hämmern" (IV, 564), so sagte Kaiser 1922 zu Karl Marilaun. Es ist nicht das erste Mal, dass Kaiser sich bei seiner Methode der Versinnlichung einer Idee in die dramatische Gestalt auf Platon beruft, dessen szenisch entwickelte Dialoge er für die "grossartigsten Dramenwerke der Weltliteratur" (IV, 596) hielt. Besonders von dessen *Phaidon* und *Symposion* war er beeindruckt: "Für den Dramatiker ist hier deutlichster Hinweis gegeben: Gestalt und Wort propagieren allein überzeugend den Gedanken" (IV, 590). Dieser Widerspruch in Kaisers Kunstauffassung, die Meinung, dass im Drama das Stoffliche dem ideellen Gehalt untergeordnet ist, dass andererseits aber erst die sinnliche Erscheinung der Vision Wirkung und Leben verleiht, wird auch an der Vorstellung vom Dichter überall dort deutlich, wo seine geistige Leistung behandelt wird.

In Kaisers "Bericht vom Drama" (1926) erscheint der Dichter als Denker, dem das Werk als Mittel zum Weiter- und Zuendedenken dient:

> Das geschriebene Drama wird immer neuer Aufbruch in anderes Drama – in Gestaltung vordringender Denkenergie. Wie steht der Dramatiker zum vollendeten Werk? Er verlässt es mit dem letzten Wort, das er schrieb – und unterzieht sich mit Zwang und Entschluss der Formung von neuem Drama, zu dem er wie über Stufen einer unendlichen Treppe vorwärts drängt. Diesem Zwang unabweisbar gehorchen zu müssen, ist Begabung. Begabung ist Gehorsam – Unterordnung – Demut, die werktätig sich darbietet. Stillstand bei einem Drama – Rückblick mit Genugtuung – Rast am Wege: sind Ungehorsam im Geiste, der mit tödlichem Fluch belädt (IV, 590).

Ebenso fordert Kaiser in seinem Gespräch mit Hermann Kasack, dass der Dichter seine Ruhe dieser unbequemen Berufung opfert, um von Werk zu Werk in immer neue Provinzen des Denkens vorzustossen. "Das Drama schreiben ist: einen Gedanken zu Ende denken" (IV, 579), so lautet der vielzitierte Satz in Kaisers Essay "Der Mensch im Tunnel," in dem schliesslich die Formulierung von Dramen und der Vorgang des Nachdenkens gleichgesetzt werden.

Erscheint das Schreiben von Dramen hier noch eher als eine solipsistische Übung und ihre Produktion auf der Bühne als "Zufall" (IV, 596), so gelten sie Kaiser doch an anderer Stelle wieder als "Aufruf" (IV, 545), "Verheissung" (IV, 545), "grosse Mitteilung" (IV, 547), "Rat" (IV, 548) und "Deutung"

(IV, 550), mit denen der Dichter "erinnert" (IV, 600), "rät" (IV, 548) und zu "überreden" versucht (IV, 547). In seinem Beitrag "Der Mensch im Tunnel" spricht Kaiser sogar von einer belehrenden Absicht des Theaters: "Der Mensch sagt, um zu denken – denkt, um zu sagen. Die besten Münder haben sich seit Urzeit dem genus humanum eingepredigt – hört doch hin! Es kann doch unterwärts nicht immer mit Rohrstöcken gefuchtelt werden, um oben zu erhellen" (IV, 579). Zweitens vertraut er allein auf die Faszination, die das Denken selbst ausüben kann: "Platon erreicht Spannungen auf eine Weise, die nur die deutlichste Durchführung eines Gedankens erzielen kann. – Niemals ist eine noch so aufreizende Handlung – ja Sensation – zu erzielen, wie das, was gedacht wird" (IV, 596/97).

In seiner *Geburt der Tragödie* wandte sich Nietzsche gegen den "ästhetischen Sokratismus,"[11] wie er im platonischen Dialog lebendig geworden und der Nachwelt zum "Vorbild einer neuen Kunstform" geworden sei: "Hier überwächst der *philosophische Gedanke* die Kunst und zwingt sie zu einem engen Sich-Anklammern an den Stamm der Dialektik."[12] Manche oben angeführten theoretischen Äusserungen Kaisers laden zu diesem Vorwurf geradezu ein. Hier war ihm Geist tatsächlich das, was Nietzsche als sokratische "Wahnvorstellung" beschrieben hatte: "jener unerschütterlicher Glaube, dass das Denken, an dem Leitfaden der Kausalität, bis in die tiefsten Abgründe des Seins reiche, und dass das Denken das Sein nicht nur zu erkennen, sondern sogar zu *korrigieren* imstande sei."[13] Auf der anderen Seite waren Geist und Denken für Kaiser aber nur eine Seite des Lebens. So sehr er dem Vorbild Platons zu folgen vermeinte, so sehr er sich der dialektischen Methode verschrieb, bewegt sich diese seine Dialektik keineswegs immer im Gedanklichen, sondern weitet sich so aus, dass sie das Leben mit einschliesst. Während er in manchen theoretischen Äusserungen das Dramenschreiben als Mittel des Durchdenkens versteht, gibt es auch andere, in denen dieser Denkprozess Durchgang nicht in neue Bereiche des Geistes, sondern ins Leben ist. Das gilt vor allem für Kaisers Aufsatz "Der Mensch im Tunnel" (1923). Zunächst schreibt der Autor auch hier, dass der echte Dramatiker von einem fertiggestellten Schauspiel sofort in das nächste als einen neuen Gedanken aufbricht. Doch dann spricht er von einem "unerträglichen Quantum an Nachdenklichkeit" (IV, 580) und mahnt den Dichter, rechtzeitig ein Ende zu machen: "Wer sich verschleppt, bringt sich ums Leben" (IV, 580). Als Vorbild nennt er Rimbaud, der seinen Pariser "Gedichtruhm" hinter sich liess, um als Kaufmann nach Ägypten zu gehen. "Einen ausgezeichneten Menschen auf *eine* seiner Fähigkeiten festlegen wollen, ist schurkenhaft – wer die Verstümmelung akzeptiert, lächerlich" (IV, 580).

---

[11]   Friedrich Nietzsche, op.cit., Bd. I, S. 75.
[12]   Friedrich Nietzsche, op.cit., Bd. I, S. 80.
[13]   Friedrich Nietzsche, op.cit., Bd. I, S. 84.

Lehnt Kaiser hier die Einseitigkeit künstlerischer Hervorbringung ab, weil sie der propagierten Totalität widerspricht, so stellt er diese Verstümmelung im Künstler in dem undatierten Aufsatz "Dichter und Regisseur" aber gerade als die notwendige Voraussetzung seines Schaffens dar: "Nicht mehr das Leben kann die Wünsche des Dichters erfüllen – in die Pausen des Geschehens und die Leere von Erleben setzt er sein Werk. . . . Die Impotenz macht den Dichter produktiv. Hier keimt der Wille zum Werk – hier schwingt sich die Brücke von Tod zu Leben – und aus solcher fürchterlichen Erfahrung geboren stellt sich das Werk als Turm des Schweigens in die Mittagswüste des Daseins, das ohne Gärten und Wälder die Sehnsucht nach Gärten und Wäldern offenbart" (IV, 553). Hier treffen wir in den Theoretischen Schriften also auf eine vierte Bedeutung des Werkes für den Dichter. War es erstens ein Mittel zum Dienst an der Menschheit, zweitens eine Möglichkeit zum Auswurf von Energie, drittens eine Form des Zuendedenkens, so ist es nun viertens Ausdruck der Sehnsucht nach der grenzenlosen "Buntheit des Erlebens" (IV, 533), geboren aus Mangel an Erleben – Lebensersatz.

Kaisers Vorstellung vom Künstler kennt also sowohl den vitalen "Drama-Täter," als auch den geistigen "Drama-Denker." In verschiedenen Äußerungen erhalten sie ihren Wert in der einseitigen Ausbildung dieser entgegengesetzten Eigenschaften. In anderen jedoch wird eine Synthese angestrebt: der vitale Künstler bringt die Vision hervor, der geistige Künstler dient dem "Leben." In zwei Aufsätzen Georg Kaisers verbinden sich Geist und Energie zu einem dialektischen Prozess, der die Dramatik von ihrer Entstehung im dichterischen Schaffen bis zur Wirkung als Veränderung im Zuschauer umfasst. In dem Beitrag "Dramatischer Dichter und Zuschauer" von 1918 wird das Kunstwerk als Deutung und Sichtbarmachung des "Weltallbildes" (IV, 550) des Dichters bezeichnet. Auf dem Theater wird das Stück zum Aufruf, der den Zuschauer zu seiner "eigenen, schaffend verwandelnden Kraft" (IV, 550) verhilft, die diesen wiederum zur Enthüllung *seines* Weltallbildes befähigen soll. So wird die geistige Leistung des Dichters auf dem Theater versinnlicht und diese sinnliche Darstellung überträgt sich auf den Zuschauer und befähigt ihn zu einer gleichen geistigen Leistung.

Auch in dem bereits zitierten Aufsatz "Die Sinnlichkeit des Gedankens" ist mit der "Angelegenheit des Blutes" (IV, 587) nur eine Seite des künstlerischen Vermögens angesprochen. Der Blutvorgang nämlich wird "bewegt von der Lust zu denken" (IV, 587) und steigert sich so "zur tüchtigsten Energie, die den Gedanken kreiert" (IV, 587). Dieses dialektische Umschlagen von Geist und Sinnlichkeit gerät im Künstler zu einer solchen Intensität und rotierenden Geschwindigkeit, dass beide Kräfte schliesslich ineinander übergehen: "Das Blut bebt denkend. Es gibt keine Kälte des Kopfes. Der Leib denkt – und die mächtige Wucht des Herzschlags treibt zur Bildung. Eines Rades schnellstes Rotieren macht seine Speichen unsichtbar – ganz heiss ist ganz kühl" (IV, 587). Die Verbindung von Sinnlichkeit und Gedanken wird schliesslich im

Bild der Erotik gesehen. Der Künstler ist der "anspruchsvoll Liebende" (IV, 587), er "gebiert die Form — nach ungeheurer Empfängnis" (IV, 587). So schafft der Dichter durch Vereinigung von Sinnlichkeit und Gedanke Kunst: "Die Wollust des Gedankens macht den Künstler tiefer erschauern. Er allein weiss von der Sinnlichkeit. Er denkt ausgiebig. Er denkt Gott in den Azur und benennt sein Geschlecht: Kunst. Er erfindet über Mädchen und Mann weg das neue Genus" (IV, 588). Ähnlich wird schon in Kaisers Aufsatz "Vision und Figur" (1918) die künstlerische Form als das Zusammenwirken der beiden im Dichter wirkenden Kräfte von Geist und Energie bestimmt. Die Vision, so heisst es hier in Bezug auf den Künstler, "stösst mit seinem Blut, das sie stösst" (IV, 548) — der gleiche dialektische Vorgang von Vision — Blut — Vision. Dann beschreibt Kaiser, wie die Vision so gewaltig gegen das Gefäss (den Dichter), das sie einschliesst, stösst, dass die "Sprengung" durch "Gegendruck" bezwungen werden muss, "dass nicht formlos ausfliesst, was nur in Formung mitgeteilt wird!" (IV, 548).

Der Dichter und seine Zeit

Wir haben anfangs festgestellt, dass Kaiser das künstlerische Schaffen zuweilen als Dienst an der Menschheit versteht. Auf die Verkümmerung der Menschen in seiner Zeit reagiert der Dichter mit dem Aufruf zur Erneuerung. Seine Aufforderung, die ursprüngliche Totalität wiederherzustellen, ist aber nur eine Form der Einwirkung. Dort nämlich, wo er erkennt, dass diese Erneuerung von der Trägheit der Menge behindert wird, wird sein Dichten Angriff, wird "Störung" und "Bedrohung" der "Geborgenen" (IV, 575). "Die Erschütterung durch ein Kunstwerk ist Erschütterung . . . der Nurverbraucher," schreibt Kaiser in einer Einleitung zu Iwan Golls *Methusalem oder der ewige Bürger.* "Sie finden sich besiegbar in jeder Pore und in jedem Puls ihrer matteren Vitalität. Jedes Dichtwerk verrichtet eine vernichtende Niederlage der Geborgenen. Wirkung von Kunst ist so: Demut oder Melancholie beim Niederschlag" (IV, 575). Diese Vorstellung vom Drama als Mittel aktivistischer Einwirkung findet sich in Kaisers Theoretischen Schriften aller Perioden. "Der lebendige Autor muss wissen, dass er der Widersacher der Sitten und Formeln seiner Mitzeit ist — sonst griffe er fehl im Mittel seiner Äusserung, die Kunst heisst" (IV, 553). Sein Werk ist bewusst "unzeitgemäss," es spricht "mit festen Akzenten gegen die Zeit" (IV, 566). In seiner Schrift "Der Mensch im Tunnel" heisst es: "Die Menschheit hat sich in ihren Dramendichtern ungeheure Dinge vorgenommen; machen sie euch das Leben jetzt schwer — in euren Enkeln triumphiert das Resultat: das Individuum denkt formend — formt denkend" (IV, 579/80). Der Angriff auf seine Zeit ist also hier noch nicht als blosse Abwendung des Dichters von einer verachteten Menge zu verstehen, sondern geschieht durchaus noch um ihretwillen. Nur wenn die Menschen bereit und in der Lage sind, ihre Wirklichkeit anzuzweifeln, sind sie befähigt, die andere Einwirkung des Dichters zu nutzen: seine Verkündung der Vision.

Führt die Opposition des Dichters gegen seine Zeit einerseits zu dem Bemühen, seine Gegenwart im Sinne der Erneuerung zu verändern, so steigert sich seine antizuständliche Haltung jedoch zuweilen so sehr, dass sie den Künstler ganz und gar aus seiner Zeit löst, ihn über sie erhebt. So beschreibt Kaiser in seinem Beitrag "Ein Dichtwerk in der Zeit" (1922), wie der Künstler versuchen muss, sich aus seiner Gegenwart zu lösen, um aus dem "Unwesentlichen," d.h. Zuständlichen ins "Wesentliche" (IV, 566) vorzudringen. Je erhabener die Gestalt des Künstlers sich in der Menge hervorhebt, desto stärker wird die Tendenz, dass er sich schliesslich über sie erhebt, in einsame Höhen entschwebt und das gemeine Volk weit unter sich lässt. Oft auch ist – wie wir gesehen haben – der dichterische Schaffensprozess als Energieleistung oder denkerisches Erkenntnisstreben so ausschliesslich auf den Dichter bezogen, dass darüber hinaus eine Wirkung gar nicht in Betracht gezogen wird: der Dichter schafft für sich selbst. Auch der mythische Bezug enthebt ihn der Wirklichkeit. Sein Wirken geht auf die Unendlichkeit, nicht auf die Gegenwart. Schliesslich ist der Punkt erreicht, wo der Kontakt mit den Mitmenschen gänzlich abgebrochen und von Einwirkung nicht mehr die Rede ist. Kaisers Beitrag "Dichter und Regisseur" ist dafür ein Beispiel. Die schöpferische Hervorbringung von Kunst erscheint hier als ein so exklusiver und selbstischer Akt kosmischen Ausmasses, dass sich der Gedanke an ein Publikum verbietet:

Der Dichter schreibt seine Triumphe und seine Niederlagen ausschliesslich für sich. Auch die Frage des Ethos kommt ins Wanken. Der schöpferische Prozess wird von einem so selbstischen Sturm gestossen, dass der Gedanke an den Nebenmenschen verweht wie ein Korn von überreifem Halm, den der Orkan schüttelt. Leer um sich scheucht der Dichter die Welt. Mitleidlos und bar der Pflicht des Erbarmens steht der Dichter im eisigen Reich der Sichtung von Chaos. Seine Lust ist das Gebot seiner Handlung. Für niemanden will er eine Silbe der Mitteilung finden – der Himmel über ihm ist einmalig für ihn mit Bläue und schwarzen Wolken geschaffen. (IV, 552/53)

Die zunehmende Lösung des Dichters von der Mitwelt ergab sich dann aber vor allem aus Enttäuschung darüber, dass sich die erhoffte Wirkung von Kunst auf den Menschen nicht einstellte. Die politische und kulturelle Entwicklung nach dem Ersten Weltkrieg nahm – gemessen an Kaisers utopischen Erneuerungsideen – die verkehrte Richtung. Die Desillusionierung schlug sich zunehmend in den theoretischen Äusserungen nieder. So stellte Kaiser den Menschen 1924 ein "Unreifezeugnis" aus, in dem es heisst, der Mensch sei "unreif zur Kunst," nicht Kunst sei nötig, sondern "Hygiene" (IV, 585). In seinem Aufsatz "Dichter und Regisseur" bezeichnet er die Wirkungsmöglichkeiten des Dichters als illusorisch, und in seiner "Vita Nuova" von 1930 bekennt er: "Ich begriff – dichterisch bekennend –: dass kein Mensch dem andern auch nur das geringste mitzuteilen hat" (IV, 607). Der Einbruch von

Faschismus und Militarismus in Deutschland wie Kaisers persönliches Schicksal haben diesen Pessimismus noch verstärkt. Im Februar 1941 stellt er seinem Freund Julius Marx gegenüber fest, ihm sei noch "kein Fall bekannt geworden, dass ein Künstler wirksam das Rad der Geschichte herumgeworfen hat. Wer es wagte, gegen den Stachel der Herrschenden zu löcken, wurde mundtod gemacht, verbrannt und ausgelöscht" (IV, 611). In diesem Gespräch macht Kaiser die politischen Verhältnisse dafür verantwortlich, dass die Kunst sich nicht entfalten und wirksam werden konnte:

Sehen Sie, alle gewiss ehrlichen Bemühungen der Expressionisten, eine neue Gesellschaft zu kreieren, erwiesen sich zuletzt als armselige Eskapaden. Sie haben alle schon heute nur noch literaturgeschichtlichen Wert. Was für ein armseliger Wert aber ist das doch! Bertolt Brecht, dessen Werk zum Besten gehört, was in dieser Zeit entsteht, hat sich selbst als *armen BB* bezeichnet. Das ist die Armseligkeit der Kunst. Wir Künstler sind Spielbälle der Regierungen, die über uns verfügen können. Wir, die angeblichen Göttersöhne, sind tatsächlich nichts als Sklaven dieser verbrecherischen Kloakenmänner. Dabei verkehren diese Bestien nicht einmal mit uns. Wir sind ihnen zu niedrig. Sie benutzen ihre Helfershelfer, die Bürokraten, um uns zu drangsalieren, bis wir willfährig geworden sind. (IV, 612)

Marx berichtet, Kaiser habe schliesslich die Kunst überhaupt verurteilt, da sie der Veränderung der Wirklichkeit im Wege stehe: "Jede künstlerische Form sei eine Art von Verherrlichung, nämlich der Demonstration von Überragendem."[14] Während die Wissenschaft alles gleichschalte, "fördere, ja erzeuge die Kunst antidemokratische Haltung."[15] Wieweit man sich hier allerdings auf Marx' weit zurückliegende Erinnerung verlassen muss, ist zweifelhaft, denn eine derartig radikale Ablehnung der Kunst allgemein findet sich weder in Kaisers Stücken noch in den Briefen des gleichen Zeitraums. Im Gegenteil, gerade die Apotheose der Kunst in den letzten Dramen verweist auf die Rettung der Kunst vor der widrigen Wirklichkeit.

*

Die verschiedenen Aspekte der Vorstellung vom Künstler, wie sie hier zusammengetragen wurden, lassen sich nicht zusammenfügen, weil ihnen kein einheitlicher Gesichtspunkt zugrunde liegt. Kaisers Künstlerbild in den Theoretischen Schriften richtet sich erstens nach der schwerpunktartigen Geltung der drei Konzeptionen von "Totalität," "Energie" und "Geist" innerhalb seiner Lebensauffassung, zweitens nach der Bewertung des Kunstwerks als Mittel zur Einwirkung auf die Mitmenschen oder als eine allein auf den Künstler bezogene kreative Tätigkeit, und drittens nach der Einschätzung der Welt als erneuerungsfähig oder unwandelbar. Energie und Geist sind einerseits die beiden im Künstler waltenden Grundkräfte, aus deren Zusammenwirken sein Werk erwächst, andererseits erscheinen sie als Resultat

---

[14]   J. Marx, *Georg Kaiser, ich und die anderen*, S. 80.
[15]   J. Marx, op.cit., S. 80.

dichterischer Hervorbringung, das dem Dichter selbst oder seinen Mitmenschen zugute kommt. Ob die Erneuerung des Menschen als die Intensivierung seiner Vitalität oder seine Vergeistigung oder als die Wiederherstellung seiner ursprünglichen Totalität verstanden wird — der Aufruf des Dichters zu ihr setzt den Glauben an die Erneuerungsfähigkeit und -willigkeit des Menschen voraus. Als Kaiser gegen Ende seines Lebens die Ohnmacht der Kunst vor der Wirklichkeit feststellt, wird daher das frühere Bild des Künstlers als Vermehrer des Lebens, als Deuter, Verkünder und Führer hinfällig.

In ihren wesentliche Zügen, in ihrem Bemühen, auf die Menschheit und die Geschichte einzuwirken und ihrer nachfolgenden Enttäuschung aus Machtlosigkeit, ihrem Herausgehobensein aus der Menge und ihrer Unterlegenheit durch mangelndes Erleben in der realen Welt, ihrem Schaffen aus der Vision und ihrer Gegnerschaft zur modernen Welt, ist Kaisers Künstlergestalt, wie sie in den Theoretischen Schriften dargestellt wird, durchaus typisch expressionistisch, indem sich diese Züge sowohl im persönlichen Schicksal expressionistischer Dramatiker als auch in den vielen Künstlergestalten ihrer Werke wiederfinden. Die ganze junge Dichtergeneration des Expressionismus hat sich in einem übertriebenen Gegensatz zu ihrer Zeit gesehen. Ihre literarische Produktion, unterstützt von Manifesten, radikalen Versen und revolutionären Zeitschriften verstand sie als Angriffe auf die alte Ordnung, die es zu zerstören galt, wenn der Aufbruch in eine neue Welt möglich werden sollte. Der Krieg, in den sie mit Begeisterung gezogen waren, verwandelte viele in glühende Pazifisten, die sich nun umso leidenschaftlicher mit Revolutionsdramen und Aufrufen zu Feindesliebe und Verbrüderung gegen den herrschenden Geist von Militarismus und Nationalismus stemmten. Literaten wie Kurt Hiller, Ludwig Rubiner, Reinhard Johannes Sorge und Ernst Toller schrieben sich selbst die Rolle von Führern zu, die sich bereit fühlten, der Menschheit den Weg aus dem Elend der Zeit in ein neues Menschsein zu weisen. Ihre Werke haben messianisch-welterlösenden Charakter, ihre Künstlergestalten ragen als höhere Wesen aus der menschlichen Gemeinschaft hervor. "Wir warten auf einen, der uns unser Schicksal neu deutet, den nenne ich dann Dramatiker und stark," so sagt ein Kritiker in Sorges Drama *Der Bettler*.[16] Sorge zeigt hier den neuen Dichter, der eine Schaubühne errichten will, die Heilstätte für Menschen aus allen Ländern und Schichten der Bevölkerung sein soll. Sein Anspruch auf Geltung wird deutlich in seiner Aufforderung an die Zuschauer: "Ihr! Ihr! Bereitet mir die Pfade! / Seht doch, ich stürme unter euch, die Fackel / Rot in geschwungener Hand. Empfangt micht doch! / Umdrängt mich doch! Ich bin des Segens voll."[17] Diese Qualität als Heiland wird dem Künstler auch in Hasenclevers *Der Retter* (1915) und in Tollers *Die Wandlung* (1917)

---

[16] Reinhard Johannes Sorge, *Werke in drei Bänden,* Hrsg. H. G. Rotzer (Nürnberg, 1964), Bd. II, S. 23.
[17] R. J. Sorge, op.cit., S. 80.

zugesprochen. In seinem Helden Friedrich, einem Bildhauer, gestaltet Toller seine eigene Wandlung zum Pazifisten durch die Unmenschlichkeit des Krieges. Gegen Professoren, Pfarrer und Militärs und ihre Durchhaltereden verkündet der Künstler die Liebe und predigt – ein auferstandener Christus – den neuen, den eigentlichen Menschen.

Für die meisten expressionistischen Dramatiker hatte Literatur nur einen Sinn, wenn sie sich engagierte, und manche, wie Sorge, Toller und Johst, stellten sich schliesslich ganz in den Dienst der Idee, die sie in ihren Werken verkündet hatten, sei sie Katholizismus, Sozialismus oder Faschismus. Die Aktivisten sahen im Proletariat jene neue Gemeinschaft, in dem der Samen des neuen Geistes aufgehen konnte und damit die Chance, jene Kluft zu überbrücken, die sie von der Masse des Volkes trennte. Sokel schreibt dazu: "Joining the proletariat, while it confronts them with some 'uncomfortable' problems of adjustment, liberates the poets and intellectuals from their narcissistic isolation and brings them into healing contact with mankind."[18] Aber gerade die Teilnahme an praktischer politischer Arbeit führte zur Enttäuschung. Das Scheitern der Revolution, die Entwicklung nach dem Kriege, widerlegten mit aller Deutlichkeit jene, die daran geglaubt hatten, die Menschen liessen sich zu Vernunft und Güte überreden. Schon Sorges neuer Dichter scheiterte mit seinen Plänen eines neuen Theaters als kommunale Institution. Der Dichter in Hasenclevers *Retter* wird von seinem König geopfert. Und während Tollers Friedrich in der *Wandlung* mit seiner Verkündung der Liebe noch Widerhall findet, tritt schon bei seiner Sonja Irene L in *Masse Mensch* die Ernüchterung ein: Wollte sie die Sache der Arbeiterklasse durchsetzen, verstrickte sie sich in Gewalt, die ihre Auffassung des neuen "Täters" betrog. Stand sie zu ihrer Idee, war sie verloren und ohne Wirkung. Dieses Dilemma bezeichnet auch die Situation des Künstlers bei Kaiser, nur dass Kaiser die Unvereinbarkeit von Idee und Wirklichkeit zeitlich viel später zum Bewusstsein kommt.

Trotz dieser Affinität zum expressionistischen Künstlerbild allgemein, muss man jedoch Kaisers Bemerkungen zum Künstlertum in den Theoretischen Schriften vornehmlich aus seinen eigenen inneren Konflikten verstehen. Das soll der nächste Teil dieser Arbeit deutlich machen.

---

[18] Walter H. Sokel, *The writer in extremis* (Stanford University Press, 1959), S. 190.

DER KÜNSTLER GEORG KAISER

Seine wiederholte Feststellung in den Theoretischen Schriften, die Person des Künstlers sei keines Aufhebens wert, bezog Georg Kaiser zuweilen auch auf sich selbst. Er bestritt dann jede Absicht auf persönlichen Ruhm und versicherte: "Fertiges, Vollendetes existiert eigentlich nicht mehr für mich; es ist erledigt, ich habe nicht Zeit, dabei geniessend oder auch nur beurteilend zu verweilen" (IV, 564). Auch auf der Höhe des Erfolges sah er sich nur selten eines seiner eigenen Stücke auf der Bühne an. Hermann Kasack gegenüber bekannte er, der Besuch einer erfolgreichen Aufführung habe ihm schwere Gewissensbisse bereitet. "Es tritt dann nämlich leicht etwas ein, was ich auf das heftigste verabscheue: Genugtuung. Die darf einem schöpferischen Menschen niemals vor sich selber werden" (IV, 579). Wieweit solche Äusserungen Bescheidenheit anzeigen, wird noch zu erörtern sein; fest steht, dass Kaiser sich den Aufforderungen, dem öffentlichen Interesse nachzugeben und sich als Person zu exponieren, in der Regel entzog. Er tat Presseumfragen zu seinem Werk gewöhnlich mit wenigen, nichtssagenden Worten ab. Angaben zur Person, zu denen er sich in Presse und Rundfunk herbeiliess, sind von ablehnender Knappheit, und es fehlt in ihnen nicht an Widersprüchen und bewusst falschen Angaben. Die fünf kurzen biographischen Skizzen, die sich unter den Theoretischen Schriften finden, beschränken sich wiederholend auf wenige Lebensdaten.

"Was heisst Dichter sein? – Mensch sein und von sich aussagen," schrieb Kaiser im Januar 1921 an Blanche Dergan (GKA). Von seinem eigenen Werk her lassen sich jedoch kaum Rückschlüsse auf die innere Biographie des Autors ziehen. Nur in den späten Dramen liegt der schöpferische Ansatz im subjektiven Erleben, im persönlichen Schicksal Kaisers, der Bedrohung seiner künstlerischen Existenz und seinem Verzweifeln am Menschen. Der plötzliche Ausbruch der Lyrik im Herbst 1944, nach Königsgarten "ein einziger Aufschrei der gepeinigten Seele,"[1] ist gar ein Werk persönlichsten Bekenntnisses. Aber das sind Ausnahmen. Im grossen und ganzen sind Kaisers Werke keine Erlebnisdichtung, sondern in Spielhandlung umgeformte leidenschaftliche Denkvorgänge.

In den Theoretischen Schriften finden sich manche aufschlussreichen Angaben. In der Hauptsache aber sind wir bei dem Versuch, Kaisers Selbstverständnis als Künstler zu ergründen, auf unveröffentlichtes Briefmaterial angewiesen. Aus früher Zeit sind hier vor allem Kaisers Briefe an seine Braut Margarethe Habenicht bedeutsam, später vornehmlich sein Briefwechsel mit der Schauspielerin Blanche Dergan und während des Exils die Briefe an seine Frau, seine Tochter Sibylle und Bekannte, wie Julius Marx, Cäsar von

[1] H. F. Königsgarten, "Georg Kaiser, der Dramatiker des Geistes," S. 523.

Arx, Alma Staub und Frida Haller. Für Kindheit und Jugend Georg Kaisers sind jene Briefe der drei Brüder Felix, Albrecht und Bruno aufschlussreich, die diese im Herbst 1920 über Vorleben und Persönlichkeit des Dichters verfassten. Sie waren vom Landgericht München I angefordert worden, wo Kaiser wegen Diebstahls und Unterschlagung angeklagt war. Man kann den Brüdern hier die Absicht unterstellen, den Dramatiker mit dem nachdrücklichen Hinweis auf seine schwachen Nerven zu entlasten. Wo eine Nachprüfung möglich war, erwiesen sich ihre Angaben jedoch als objektiv richtig. Ähnliches gilt für ein psychiatrisches Gutachten, das während Kaisers Untersuchungshaft nach längerer ärztlicher Beobachtung angefertigt wurde. Alle diese Dokumente füllen nicht die grossen Lücken dessen, was wir inzwischen über Georg Kaisers Leben wissen. Aber es soll hier auch nicht darum gehen, eine Biographie oder ein vollständiges Charakterbild zu entwerfen. Vielmehr soll versucht werden, Eigenarten zu sehen, die mit Kaisers Künstlerbild in den Theoretischen Schriften und den Dramen in Beziehung stehen.

Distanz zur Umwelt

Was das Verhältnis des Künstlers zu seiner Umwelt angeht, so haben wir bei der Diskussion dieser Frage innerhalb der Theoretischen Schriften zwei gegensätzliche Tendenzen festgestellt. Wir sahen, dass der Künstler sich einerseits den Mitmenschen zuwandte, sein Werk als Dienst an der Welt verstand, als Versuch, die Erneuerung des Menschen zu bewirken. Andererseits aber zog er sich vor aller Wirklichkeit in eine erhabene Höhe zurück, der alle Beziehung zur Umwelt fehlte. Diese zweite Tendenz der Abkehr von der Umwelt, ist in Kaisers eigenem Verhalten besonders stark ausgeprägt. Sein Leben ist, auch äusserlich, die Demonstration einer Distanz zur Welt, die sich aus einer seltsamen Kombination von Schicksal und Neigung ergab.

"Mein Bruder war von Kind an von komplizierter Natur," berichtet Albrecht Kaiser, "schweigsam und zurückhaltend gegen alle und grüblerisch und phantastisch zugleich."[2] Albrecht wie Felix Kaiser bezeugen, dass der Dichter schon in früher Kindheit die Neigung besass, sich trotz der offenbar im grossen und ganzen ungetrübten Harmonie und Intimität des Familienlebens, von Eltern und Geschwistern abzusondern. Derselbe Wunsch nach Distanz prägte sein Verhältnis zur Schule. Obwohl hochbegabt, war es ihm unmöglich, sich der Schulordnung anzupassen. Als er sechzehnjährig den Zwang abschüttelte und das Gymnasium *Unserer lieben Frauen* in Magdeburg vorzeitig verliess, setzte er sich auch gegen seine älteren Brüder ab, die ihre Schulausbildung durchweg mit Auszeichnung beendeten und in ihren bürger-

---

[2] Brief Albrecht Kaisers an das Landgericht München I vom 19. November 1920 (GKA).

lichen Berufen dann sehr erfolgreich waren. Nach einem kurzfristigen Versuch, Buchhändler zu werden, machte Kaiser eine dreijährige kaufmännische Lehre durch. Aber auch hier sonderte er sich ab. Den üblichen Vergnügungen gleichaltriger Jugendlicher "durchaus abhold,"[3] trieb er in seiner Freizeit intensive Literaturstudien und lernte fremde Sprachen. Mit Freunden, die weiterhin das Gymnasium besuchten, gründete er 1895 den *Leseverein Sappho,* in dem man Platon, Nietzsche, die Klassiker und zeitgenössische Literatur las, Stücke schrieb und aufführte. Für diesen Verein schrieb Kaiser sein erstes Schauspiel, die Groteske *Schellenkönig* (1895/96).

Der innere Abstand zwischen ihm und seiner Familie hat sich in diesen Jahren noch vergrössert. Obwohl man ihn in seinen unbürgerlichen Neigungen gewähren liess, hielt er seine literarischen Interessen vor Eltern und Brüdern verborgen. "Was in ihm gähren mochte, war vielleicht dunkel zu fühlen, nicht zu ergründen," berichtet Felix.[4] Der Bruder erklärte Georg Kaisers Verschlossenheit, seine auch zunehmend verletzende Kritik an den Brüdern damit, dass ihm jeglicher Ausdruck von Bürgerlichkeit zunehmend zuwider wurde und er darunter litt, wenigstens äusserlich an die beschränkten Verhältnisse einer typisch bürgerlichen Familie gebunden zu sein. Sofort nach Abschluss seiner Lehrzeit löste Kaiser sich erneut und fuhr gegen den Wunsch der Eltern nach Südamerika, wo er zwei Jahrelang als Kontorist in einem AEG-Büro arbeitete. "In der Gartenstadt Palermo," schrieb er 1917 rückblickend, "lebte ich mein Alleinsein, in das Schopenhauer, Dostojewski, Nietzsche sprachen" (IV, 542). Seinem psychiatrischen Gutachter erklärte er 1920: "Ich fühlte mich im Ausland masslos wohl. Nicht in Deutschland sein war herrlich. Ich war so allein! Sogar die Sprache hatte ich für mich. Es konnte kein Mensch an mich heran dort. Das war herrlich!"[5] Er litt an Angstträumen, in denen Schiffe ihn in die Heimat zurückbrachten. Eine Malariaerkrankung zwang ihn dennoch 1901 zur Rückkehr nach Deutschland, wo sich Eltern und Brüder des Kranken liebevoll annahmen.

Sieben Jahre lang blieb Kaisers Gesundheitszustand so labil, dass sich ihm der Gedanke an jede gewerblich Tätigkeit verbot. "Er war in diesen Jahren sehr leidend," berichtet Bruno Kaiser. "Er hatte eine Malariakrankheit überstanden und war sehr nervös, was sich in grossem Ruhebedürfnis und dem Verlangen nach Einsamkeit, schlechter Gesichtsfarbe und nervösen Zuckungen im Gesicht äusserte, und bedurfte in jeder Hinsicht der Schonung."[6] Von der Mutter gepflegt und verwöhnt, war ihm die erneute Abhängigkeit von den Eltern doch offenbar lästig. Und so war er dankbar, als sein Bruder Albrecht

---

[3] Brief Felix Kaisers an das Landgericht München I vom 23. November 1920 (GKA).
[4] Brief Felix Kaisers an das Landgericht München I vom 23. November 1920 (GKA).
[5] Ärztliches Gutachten vom 12. Januar 1921, unterzeichnet von Dr. Eugen Kahn. Zitiert nach einer maschinenschriftlichen Kopie im *Georg Kaiser Archiv,* Berlin.
[6] Brief Bruno Kaisers an das Landgericht München I vom 20. November 1920 (GKA).

ihn im Februar 1902 nach Trebitz einlud. Er schrieb an Albrecht: "Ich hätte Papa am Ende doch um eine Reise in irgend einen stillen Winkel bitten müssen, denn die Nerven machen's halt nicht, wie's sein sollte, und's Herze schlägt wie 'ne geschossene Taube in der Luft mit Flügeln, da kommt mir das so recht gelegen in den Weg mit Eurer Einladung."[7] In den nachfolgenden Jahren bezog er aber vor allem bei seinem Bruder Bruno in Pforta Quartier. Seine Briefe an die Eltern und Geschwister sind in dieser Zeit vertraulich und warmherzig. Kaiser nahm durchaus auch am Familienleben teil. Zur Hochzeit Albrechts schrieb er ein "Eheweihfestspiel" *Die Pfarrerwahl*, das unter Mitwirkung des Autors am Polterabend, dem 24. Januar 1902 im Familienkreis aufgeführt wurde. Ähnliches tat Kaiser mit der Humoreske *Der erste Patient* drei Jahre später für die Hochzeit seines Bruders Felix.

Obwohl er auf diese Weise äusserlich eng im Familienkreis lebte, steckte Kaiser beharrlich einen inneren Bereich für sich ab, in den er niemandem Einblick gewährte. "Es verbot sich zu fragen nach dem, was er selbst nicht offenbaren wollte," berichtet Felix. Annäherungsversuchen Dritter sei er mit "verletzender Kälte bis zur beleidigenden Abweisung" begegnet.[8] Dass er unermüdlich las und auch schrieb, blieb den Brüdern nicht verborgen, aber nur einmal in diesen sieben Jahren las er eines seiner Stücke im Familienkreise vor. Gerade weil er als Dichter gelten wollte und jahrelang eine Sonderstellung innerhalb der Familie in Anspruch nahm, musste es ihm besonders schmerzlich sein, auf keine äusseren Erfolge verweisen zu können. Erst 1911 gelang ihm die Veröffentlichung eines Stückes. Die Abhängigkeit von den Geschwistern war ihm umso lästiger, und es scheint, dass sich in Kaiser eine steigende Unmut gegen die Brüder bildete. Er schrieb am 24. Juni 1907 an seine spätere Schwiegermutter Elly Habenicht: "Die grosse Kluft, die mich innerlich von meinem Hause trennt, gewinnt dadurch eine bedeutende Qual, dass ich sie jetzt wieder äusserlich mehr überwinden muss. Es wird mir sehr schwer, den Triumph jenen zu gönnen, insonderheit der jetzigen Ansammlung in Pforta, der mein einsames Gebaren ein scharfer Dorn ist" (GKA).

Die Ehe mit Margarethe Habenicht, im Jahre 1908 geschlossen, bedeutete unter anderem daher auch eine Befreiung aus dieser Zwangslage, aus der finanziellen Abhängigkeit und der Nähe der Brüder. Kaiser selbst berichtete 1930 rückblickend: "Mit dreissig Jahren heiratete ich. In Seeheim an der Bergstrasse kaufte ich mir ein Haus. Dahinter lag der Wald. Ich hatte von der Stadt Abschied genommen. Ich wünschte nichts weiter, als hier im Walde zu wohnen und Zeit zu haben" (IV, 605). Das Heiratsgut seiner Frau und beträchtliche Darlehen seiner Brüder erlaubten es ihm, sich sein Leben nun auch äusserlich nach seinem Geschmack einzurichten. Dabei zeigte er einen

---

[7]   Brief Georg Kaisers an seinen Bruder Albrecht vom 23. Februar 1902 (GKA).
[8]   Brief Felix Kaisers an das Landgericht München I vom 23. November 1920 (GKA).

Hang zu gepflegten Lebensformen, die man schon an dem Knaben beobachtet hatte. "Glanz und Formenschönheit um ihn; nichts Aufdringliches; vornehm bis zum Kult, oft genug bizarr im Geschmack, aber stilrein, so war sein Heim und auch seine Lebensführung," berichtet Felix.[9] Von dieser Warte aus wurde ihm der Kontakt mit den Brüdern wieder leichter. An Albrecht schrieb er im Januar 1911: "Mich beseelt der Wunsch, dass die brüderliche Freundschaft sich erhält und ein Austausch von Gedanken, die uns verschiedenartig beschäftigen, wächst."[10] Gegenseitige Besuche während der nächsten Jahre drücken ein Zusammengehörigkeitsgefühl aus, das sich im Krieg noch verstärkte. Selbst wegen seines immer noch zerrütteten Gesundheitszustandes vom Kriegsdienst befreit, zeigte Kaiser sich sehr besorgt um seinen Bruder Bruno, der an der Westfront diente. Er schrieb ihm am 2. Oktober 1915 aus Weimar: "Mir ist heute klar, wie voll Du in unserem Leben stehst und neben unseren Gewohnheiten wohnst als das nächste Mitglied unserer engsten Gemeinschaft" (GKA). Auch um seine Mutter kümmerte er sich, besuchte sie in Magdeburg und nahm sie wiederholt für mehrere Tage zu sich nach Weimar. Über einen Familienskandal kam es jedoch 1918 zum Bruch. Auf Versuche der Brüder, den Kontakt mit ihm wieder anzuknüpfen, ging Kaiser nicht ein.

In seiner Abwehrhaltung gegen die Umwelt vermied es Kaiser in diesen Jahren, Freundschaften zu schliessen. Die Beziehungen zu Gustav Landauer und Ernst Toller waren denkbar locker. Der Schauspieler Alfred Beierle berichtet: "Es war nicht einfach, ihm wirklich nahe zu kommen, denn er mied fast ängstlich jede grössere Geselligkeit, sonderte sich in allem ab, wollte Distanz, suchte sich, wie er sagte, die Realität des Lebens vom Leibe zu halten."[11] Dem Psychiater Dr. Eugen Kahn gegenüber bekannte Kaiser 1920: "Manchmal hatte ich ein Bedürfnis, mich Menschen anzuschliessen, dass ich geradezu leichtsinnig irgend eine Freundschaft schloss. Aber nach kurzer Zeit stiess ich diese sogenannten Freunde mit einer Heftigkeit ab, dass für alle Zeit die Feindschaft da war. . . . Die Angst vor dem Alleinsein treibt mich einem Menschen entgegen. Das sind Verirrungen! Eigentlich möchte ich nie einen Menschen sehen, und habe nie einen Menschen sehen wollen" (GKA). Ende 1918 zog Kaiser nach München. In seiner Wohnung in der Ainmillerstrasse schrieb er während der letzten chaotischen Kriegsmonate den *Geretteten Alkibiades* und triumphierte: "Ich habe Griechenland neu geschaffen — und das des Goethe-Winckelmann umgestürzt."[12] Seine Bekanntschaft mit Gustav Landauer und Ernst Toller brachten ihn mit sozialistischen Ideen in Berührung, jeder praktischen Beteiligung an der Bayrischen Räterepublik aber enthielt er sich.

[9] Brief Felix Kaisers an das Landgericht München I vom 23. November 1920 (GKA).
[10] Brief Georg Kaisers an seinen Bruder Albrecht vom 1. Januar 1911 (GKA).
[11] Alfred Beierle, "Begegnung mit Georg Kaiser," *Aufbau*, 2 (1948), 988.
[12] Brief Georg Kaisers an Otto Liebscher vom 13. August 1919 (GKA).

Im Sommer und Herbst 1920 weilte Kaiser wiederholt zu Verhandlungen mit Verlegern, Theatern und Filmagenturen in Berlin. Schon im Herbst 1918 hatte er den Wunsch geäussert, nach Berlin zu ziehen, "um allem Wirken näher zu sein."[13] Als er im April 1921 aus dem Gefängnis entlassen wurde, machte er diese Absicht wahr, zog aber nicht direkt in die Hauptstadt, sondern in das nahe Grünheide am Peetzsee. Dieser Schritt demonstriert erneut Kaisers bevorzugte Abseitsstellung. Eine Zweitwohnung in Berlin-Charlottenburg erlaubte es ihm, sich in Berlin aufzuhalten, ohne inmitten des weltstädtischen Trubels gebunden zu sein. In dieser Wohnung traf er häufiger mit anderen Schriftstellern zusammen. Hermann Kasack berichtet von einer "Gruppe 1925," die sich hier traf und debattierte.[14] Jederzeit aber konnte Kaiser sich nach Grünheide absetzen, wo er sich genauso gegen die Aussenwelt verschloss wie früher in Seeheim. Zu Iwan Goll sagte er 1924: "Ich kann fast gar nicht mit den Menschen leben. Ich kenne sie schon, bevor ich mit ihnen in Berührung komme. Sie langweilen mich gründlich. Die Menge macht mich melancholisch. Die Stadt macht mich krank" (IV, 584). Auf eine Rundfrage des *Berliner Börsen-Couriers* ob es noch eine Gesellschaft gebe, antwortete er abweisend: "Ich lebe mit Kindern und Tieren. Was sich hinter meiner Waldgrenze als Publikum sammelt oder lockert, überblicke ich nicht. Also kann ich mich zu diesem Vorgang nicht äussern" (IV, 586).

Im Jahre 1933 war es dann das Schicksal, das Kaiser in die Isolation trieb. Die Ächtung durch das Hitlerregime hat ihm gewiss in vieler Hinsicht zu schaffen gemacht — an seiner Lebensweise brauchte er jedoch nicht viel zu ändern. Auch das Exil in den Schweizer Bergen dann, so sehr es den Dichter immer wieder in die Verzweiflung trieb, kam der Neigung Kaisers, sich den Wirren der Zeit zu entheben, entgegen. Die Korrespondenz mit Cäsar von Arx zeigt, wie sehr Kaiser sich dessen bewusst war. Schon vor der Flucht beklagte er, wie sehr die äusseren Umstände ihn an seiner Arbeit hinderten: "Ich brauche jene Heiterkeit der Seele, die von selbst schafft, was keine Bemühung erreicht. Tausend Meter Höhe — nicht nur äusserlich."[15] In einem Brief von 1938 gesteht er, seine "heimlichste Sehnsucht" sei es, Ziegenhirt in den Bergen zu sein.[16] Dann gelang ihm endlich die Ausreise, und schon triumphierte er: "Hier die ersten Seiten von *Leutnant Welzeck*. In tausend Meter Höhe geschrieben."[17] An Frida Haller schrieb er noch am 17. Februar

---

[13] Brief Georg Kaisers an Blanche Dergan vom 23. Oktober 1918 (GKA).
[14] Vgl. Hermann Kasack, *Mosaiksteine*, S. 282/83.
[15] Brief Georg Kaisers an Cäsar von Arx vom 4. Juli 1937, zitiert nach Armin Arnold, "Georg Kaiser in der Schweiz," *Schweizer Rundschau*, 58 (1958/59), 515.
[16] Brief Georg Kaisers an Cäsar von Arx vom 19. September 1938, zitiert nach Armin Arnold, "Georg Kaiser in der Schweiz," S. 517.
[17] Brief Georg Kaisers an Trudi von Arx vom 5. November 1938, zitiert nach A. Arnold, "Georg Kaiser in der Schweiz," S. 517.

1942 über seinen Aufenthalt in St. Moritz: "Das Wetter leistet mir hier grossartige Hilfe. Hier gibt es keine Halbheit. Alles ist kolossal. Die Stürme – die Wolken –– die Einsamkeit. Erst unfreiwillig – doch nun zum eigenen Entschluss erhoben: Einsamkeit" (GKA).

Dr. Eugen Kahn urteilte 1921 über Kaiser: "Es leuchtet ohne weiteres ein, dass diese fast krankhafte Ablehnung der Wirklichkeit tatsächlich verankert sein muss in einem gewissen Mangel an Wirklichkeitssinn, in einem Mangel der Fähigkeit, sich zum gewöhnlichen Leben vorbehaltlos, ohne Angst einzustellen."[18] Die Forschung ist oft noch einen Schritt weitergegangen und hat von "absoluter Ichbezogenheit,"[19] von "Solipsismus"[20] und "Introversion"[21] gesprochen. "Gegenstand seines Erlebens war in der Hauptsache er selbst," urteilt Wolfgang Fix.[22] Tatsächlich war Kaisers Distanzierung von der Wirklichkeit meist auch zugleich ein Rückzug auf sich selbst. An Eric Albert Fivian schrieb er einmal: "Wenn der vollkommene Mensch seine Biographie schreibt, so schildert er nur die Störungen, die ihm in den Weg gelegt wurden. Die Schule, die Freundschaft, die Liebe. Alle diese Störungen schüttelt der vollkommene Mensch auf seinem Lebenswege ab. Er kehrt immer zu sich selbst ein."[23] Trotzdem ist es wohl kaum möglich zu entscheiden, ob dieser Solipsismus, den wir ja auch am Künstlerbild der Theoretischen Schriften beobachten konnten, der Grund für Kaisers Abkehr von der Umwelt, oder ob umgekehrt diese Angst vor der Wirklichkeit jene Konzentration auf sich selbst herbeigeführt hat. Beide Tendenzen in Georg Kaiser müssen aber wohl im Zusammenhang mit seiner nervlichen Labilität gesehen werden.

Kaiser selbst bezeichnete sich 1920 als "nervenkrank."[24] Schon als Kind war er hochgradig nervös, litt an Angstträumen, an Platzangst und nervösen Zuckungen. Nach seiner Rückkehr aus Südamerika stellte der Bruder Felix, damals junger Assistenzarzt, schwere nervöse Krankheitserscheinungen an dem Bruder fest. Albrecht Kaiser berichtet von Depressionen, mit denen sich eine "ausserordentliche Reizbarkeit" verbunden habe.[25] Als dieser Zustand sich

---

[18] Ärztliches Gutachten vom 12. Januar 1921 (GKA).

[19] Adolf M. Schütz, "Georg Kaisers Nachlass. Eine Untersuchung über die Entwicklungslinien im Lebenswerk des Dichters," (Diss. Bern, 1951), S. 12.

[20] W. Fix, "Die Ironie im Drama Georg Kaisers," (Diss. Heidelberg, 1951), S. 23.

[21] Hanns H. Fritze, "Über das Problem der Zivilisation im Schaffen Georg Kaisers," (Diss. Freiburg i.Br., 1955), S. 37.

[22] Wolfgang Fix, op.cit., S. 23.

[23] Zitiert nach E. A. Fivian, *Georg Kaiser und seine Stellung im Expressionismus,* S. 255.

[24] In der Angeschuldigten-Vernehmung vor dem Landgericht München I vom 16. November 1920. Zitiert nach der maschinenschriftlichen Kopie des Protokolls im *Georg Kaiser Archiv,* Berlin.

[25] Brief Albrecht Kaisers an das Landgericht München I vom 19. November 1920 (GKA).

nicht besserte, schickte die Familie den Heimgekehrten vom 6. August bis zum 23. Dezember 1902 in eine Berliner Nervenheilanstalt, wo man eine "neuropathische Konstitution"[26] diagnostizierte. Erläuternd heisst es in einem ärztlichen Bericht über den Dichter: "Er litt an schweren nervösen Störungen, die sich vor allem in heftigen Angstanfällen mit dem Gefühl des Versagens der Herz- und Kopfkraft, des Eintritts einer Körperlähmung und allgemeinem Zittern und zeitweise in ausgesprochenen Anfällen von Platzängsten äusserten."[27] Mit der Behandlung konnte nur eine leichte Besserung erzielt werden. Reizbarkeit und Schlaflosigkeit quälten ihn weiter, Depressionen führten wiederholt zu Selbstmordgedanken. An seine Braut Margarethe Habenicht schrieb Kaiser am 23. Mai 1907 aus Pforta: "Ich weiss allmählich wieder nicht, was Nachtschlaf ist. Ich stehe morgens nervös früh auf, da ich nicht mehr liegen kann. Dann findet mich der Abend mehr überreizt als müde" (GKA).

Dr. Kahn deutete diesen jahrelangen Krankheitszustand in seinem Gutachten später als "psychopathisch-hysterische Reaktionen" auf ein Milieu, dem Kaiser nicht gewachsen war. Die Krankheit habe ihn in die Lage versetzt, der ihm verhassten Erwerbstätigkeit auszuweichen, und sich, von der Familie versorgt und beschützt, mit seiner Begabung beschäftigen zu können. Die Möglichkeit, Kaiser habe sein Leiden nur vorgetäuscht, schloss er aus. Es handelte sich nach seiner Meinung um neurotische Abwehrreaktionen, die die erwähnten Krankheitserscheinungen zur Folge hatten. Die medizinische Deutung von Kaisers nervösen Krankheitszuständen legt also nahe, dass sein ständiges Ausweichen vor der Umwelt wie seine extreme Hinwendung zu sich selbst, neurotischen Ursprungs war.[28]

Mit Sicherheit kann man Kaisers Ruhelosigkeit, seinen unsteten Lebenswandel, die Sprunghaftigkeit seines äusseren Werdegangs, vielleicht aber auch gerade die Rastlosigkeit seines Schaffens mit dieser nervösen Konstitution erklären. Der "immer neue Aufbruch in neues Drama" (IV, 590), den Kaiser für den Dichter allgemein postulierte, gilt ganz besonders für seine eigene Arbeitsweise. Zu Hermann Kasack sagte er 1928, der Dichter müsse vor seinen geistigen Aufgaben "so vollständig mit seiner Ruhe kapitulieren, dass er vom fertigen Werk aufbricht und mit dem neuen, sofort zu beginnenden Werk in eine neue Provinz des Denkens vorstösst" (IV, 597). Noch während des Exils gestand er Frida Haller: "Ich bin vielleicht der unruhigste Schöpfer des

---

[26] Nach Angaben im ärztlichen Gutachten Dr. Eugen Kahns vom 12. Januar 1921 (GKA).

[27] Bericht von Professor Laehr vom 22. November 1920. Zitiert nach einer maschinenschriftlichen Kopie im *Georg Kaiser Archiv*, Berlin.

[28] Ähnlich hat auch Wolfgang Paulsen die Vermutung geäussert, dass Kaisers Tendenz zur Absonderung ein traumatisches Erlebnis zugrunde lag. Vgl. W. Paulsen, *Georg Kaiser: Die Perspektiven seines Werkes* (Tübingen, 1960), S. 60.

Weltalls. Neue Gestalten ergreifen mich und ziehen mich in den Strudel ihres Schicksals, um es zu ordnen — um es aus dem Zufall in die Dauer der Allgültigkeit zu heben."[29] Auf dem Hintergrund neurotischer Störungen sollte man auch Kaisers vielmonierte "masslose Selbsteinschätzung"[30] sehen. Aus allen seinen Lebensepochen gibt es Aussprüche einer übersteigerten Bewunderung seiner selbst. Schon über die Zeit um 1908, als Kaiser noch nichts veröffentlicht hatte, berichtet Felix Kaiser über seinen Bruder: "Er hatte von seinem Können eine ungemein hohe Meinung, die mir durch seine Leistungen bis dahin nicht gerechtfertigt schienen. Er war offenbar überzeugt, dass er durch sein dichterisches Schaffen eine neue Literatur begründen werde, und er schien damit die Gewissheit zu verbinden, dass auch der materielle Erfolg seiner Arbeit ihm eine glänzende Zukunft liefern werde."[31] Diesen unerschütterlichen Glauben an sich selbst und seine dichterische Begabung drückt Kaiser selbst in seinen Briefen an die Braut um 1907 aus. Er spricht einmal davon, ein "göttlich Schaffender" zu sein und bezeichnet sich als "Repräsentanten der Menschheit."[32] Die Brüder störte seine herablassende Kritik "an nicht kleinen Geistern."[33] Dass Kaiser auf den üblichen Literaturbetrieb nur mit Mitleid und Verachtung herabgesehen habe, weiss auch Karl Otto, der dem Dichter von Februar bis September 1924 als Sekretär diente, zu berichten.[34] Iwan Goll erklärte der Dramatiker 1924, warum er nicht mit literarischen Persönlichkeiten verkehrte: "Ich ziehe es vor, mit intelligenten Bürgern zu speisen und mich mit Geschäftsleuten, die noch warm vom Kampfe sind, in einer interessierten Weise über objektive Themen zu unterhalten" (IV, 584).

Die Überheblichkeit gerade des jungen Kaiser erscheint aber ebenfalls als eine Flucht vor der Realität, als der Versuch, das lange Ausbleiben der öffentlichen Anerkennung zu kompensieren. Denn der Erfolg war Kaiser keineswegs so gleichgültig, wie er gerne glauben machen wollte, sondern heiss ersehnt. "Stolz und glücklich war Georg Kaiser . . . über die hohe Würdigung, die Gustav Landauer seinem Schaffen und insbesondere den *Bürgern von Calais* hatte zuteil werden lassen," berichtet Alfred Beierle.[35] Landauer hatte Kaiser in einem Buch in eine Reihe mit Goethe und Stifter gestellt.[36] Als

---

[29] Brief an Frida Haller vom 28. September 1943 (GKA).
[30] Leroy M. Linick, "Der Subjektivismus im Werk Georg Kaisers," (Diss. Zürich, 1937), S. 99.
[31] Brief Felix Kaisers an das Landgericht München I vom 23. November 1920 (GKA).
[32] Brief Georg Kaisers an Margarethe Habenicht vom 25. Mai 1907 (GKA).
[33] Brief Felix Kaisers an das Landgericht München I vom 23. November 1920 (GKA).
[34] Vgl. Karl Otto, "Ein Jahr bei Georg Kaiser," *Aufbau*, 2 (1946), 971.
[35] Alfred Beierle, "Begegnung mit Georg Kaiser," *Aufbau*, 2 (1948), 990.
[36] Vgl. Gustav Landauer, *Ein Weg des deutschen Geistes. Goethe — Stifter — Kaiser*, (München, 1916).

Kaiser seinen *Geretteten Alkibiades,* in dem er dem Dichter allgemein jeden Anspruch auf persönlichen Ruhm absprach, beendet hatte, schrieb er an den Regisseur Otto Liebscher: "Die Menschheit muss mir danken — oder es gäbe sie nicht."[37] An Blanche Dergan schrieb er: "In das Ende des Jahrhunderts präge ich heute schon die Werke, die gültig sind.."[38] Vor Gericht stellte er die Zuständigkeit der bürgerlichen Gesetze für sich in Abrede: "Man stellt nicht einen Heinrich von Kleist oder einen Büchner vor Gericht, das ist unfair."[39] Während des Exils erklärte er: "Ich fühle mich den grossen Meistern ebenbürtig. Ich gehöre zur Bruderschaft der kühnen Entdecker und Erfüller."[40]

Die Frage liegt nahe, ob nicht gerade dieses Übermass an Selbsteinschätzung auf ein starkes Unzulänglichkeitsgefühl zurückzuführen ist. Nach Auskunft der Berliner Nervenanstalt traten bei Kaiser schon 1902 häufig "Depressionszustände mit lebhaftem Insuffizienzgefühl besonders bezüglich der geistigen Leistungsfähigkeit ein."[41] Auch das ärztliche Gutachten von 1921 spricht davon, dass Kaisers Selbstbewusstsein starken Schwankungen unterworfen war: "Aus Stimmungen der Gehobenheit, in denen ihm zum Ausdruck seines Selbstgefühls kein Wort zu kräftig, kein Vergleich zu hoch ist, gerät er — oft ohne jeden Übergang — in einen Kleinmut, in dem er an allem zweifelt."[42] In seinen Gesprächen mit Georg Kaiser, die Julius Marx in den Jahren 1939 bis 1945 aufzeichnete und in seinem Tagebuch von 1970 veröffentlichte, werden ganz ähnliche Stimmungsschwankungen deutlich. Da konnte Kaiser in einem Moment sein Werk verherrlichen und sich eine goldene Zukunft entwerfen, um im nächsten Augenblick alle Kunst als wertlos zu verurteilen und Selbstmordabsichten zu äussern. Kaiser klagte in einem Brief an Frida Haller: "Zweifel und Selbstbewusstsein — in raschem Wechsel. Wie Stürme jagt es durch mich hin. Woran soll ich mich halten?"[43] Auffallend ist auch, wie überempfindlich Kaiser auf jede Kritik reagierte und sich umgekehrt durch Lob zu den höchsten Erwartungen verführen liess. Typisch sind seine Bemerkungen zu Frida Haller über sein Stück *Die Spieldose:* "Bereits liegen mir Zustimmungen vor, die die Bedeutung des Werkes betonen. Mir schreibt Cäsar von Arx, 'Sie löschen mit dieser Dichtung eine ganze Generation von Dichtern aus.' Das Schauspielhaus in Zürich äussert sich, 'Wir haben das Stück in einem Zug gelesen und finden es wunderbar.' Also: alles deutet darauf hin,

---

[37]   Brief Georg Kaisers an Otto Liebscher vom 13. August 1919 (GKA).
[38]   Undatierter Brief Georg Kaisers an Blanche Dergan (Abschrift GKA).
[39]   Zitiert nach dem ärztlichen Gutachten Dr. Eugen Kahns vom 12. Januar 1921 (GKA).
[40]   Undatierter Brief an Frida Haller (GKA).
[41]   Bericht von Prof. Laehr vom 22. November 1920 (GKA).
[42]   Ärztliches Gutachten Dr. Eugen Kahns vom 12. Januar 1921 (GKA).
[43]   Undatierter Brief an Frida Haller (GKA).

dass mir ein grosser Wurf gelungen ist. Alle Bühnen der Welt werden die *Spieldose* erklingen lassen."[44]

Ein Leben im Werk

In seinem "Gespräch mit Karl Marilaun" von 1921 führte Kaiser an, er habe mit seinen Komödien versucht, "eine unerträgliche, faule, vergiftete Atmosphäre" zu reinigen, um dann mit seinen Tragödien die Fundamente einer "besseren, glücklicheren Welt" zu legen (IV, 565). Vor dem Münchener Landgericht hatte er nicht lange vorher ausgerufen, er habe sich aufgeopfert für "die Idee," die nur durch ihn unter die Menschen gekommen sei (IV, 562). Eine solche Bestimmung seines Werkes als Dienst an der Menschheit und Verkündung ihrer Erneuerung lässt leicht vergessen, wie sehr dieses Werk auch gerade als das Kind seiner eigenen Lebensnot zu verstehen ist. Fivian,[45] Kenworthy[46] und Schürer[47] haben darauf hingewiesen, wie sehr auch gerade sein Dichtertum Kaiser dazu diente, sich vor der Wirklichkeit zurückzuziehen. An seine Braut schrieb er am 4. Mai 1907 aus Pforta: "Alles Schaffen − wie tausendmal wiederhole ich dies und wie will ich die Eindringlichkeit meiner Forderung steigern! − befreit. Nur Befreiung vom Fremden, Hemmenden müssen wir erstreben, um zu uns zu gelangen. Darum müssen wir uns diesen erhabenen, unerreichbaren Ruhepunkt schaffen, von dem wir dann das Gewirr unter uns sehen" (GKA). In Kaisers Stück *Hellseherei* (1928/29) fragt Vera: "Was ist denn wirklich. Hier die Tapeten sind wirklich, dahinter ist roher Stein. Wohnt man zwischen kahlen Mauern? Man schmückt sich seine Wohnstätte − und seine Liebe, um leben zu können − inmitten dieser Wirklichkeit, die grausamer ist zehnmal als der Tod, wenn man sie zulässt!!" (III, 68). Was für Vera die Tapeten, scheint für den Dichter zuweilen das Werk gewesen zu sein, das er zwischen sich und die "grausame" Wirklichkeit stellte, um leben zu können. Noch am 29. Dezember 1942 schrieb er an Frida Haller, man müsse sich eine innere Erde schaffen, "um die äussere nicht zu sehen" (GKA).

Andererseits erscheint in vielen Äusserungen Kaisers die Einsamkeit nicht als der Lohn, sondern die Voraussetzung des künstlerischen Schaffens. Er genoss sein abgeschiedenes Leben bei seinem Bruder in Pforta: "Diese Stille will alles Einpflanzen steigern und heben und ist begierig nach neuen

---

[44]   Undatierter Brief an Frida Haller (GKA).
[45]   Vgl. E. A. Fivian, *Georg Kaiser und seine Stellung im Expressionismus,* (München, 1946), S. 141.
[46]   Vgl. B. Kenworthy, *Georg Kaiser,* (Oxford, 1957), S. 103.
[47]   Vgl. E. Schürer, *Georg Kaiser,* S. 140.

Formen."[48] Ungehalten reagierte er daher, als sich ein halbes Jahr später sein Bruder Felix mit seiner Familie in Pforta zu einem Erholungsurlaub anmeldete. "Ich bin aus Magdeburg geflohen," schrieb Kaiser, "und fliehe nun von hier. . . . Die Tage sind so reich an Unglück, dass ich an die Entrüstungen vor der Flucht nach Amerika erinnert werde. Fast will es mich rufen."[49] Deshalb klingt es durchaus glaubwürdig, wenn er 1920 vor dem Psychiater erklärte, er müsse ein "traumhaftes Leben" führen, um seine schöpferische Aufgabe erfüllen zu können.[50] Unter diesem Gesichtspunkt bedrohte die Wirklichkeit nicht nur die Existenz Georg Kaisers, sondern auch seine dichterische Produktion. Und erst durch diesen Zusammenhang sah er seine selbstgewählte Isolation als einen heiligen Bezirk, der vor dem Zutritt der profanen Wirklichkeit zu schützen war. "Die Schöpfung duldet kein Publikum. Die Keuschheit der Produktion zu wahren – vor die Pforte dieses einmaligen Gartens Eden eine Front von schwertfeurigen Erzengeln aufzupflanzen – ist Befehl, der von mir nie missachtet wurde" (IV, 552), schrieb er in seinem Aufsatz "Dichter und Regisseur."

Im Rückblick auf seine langjährige Krankheit nach 1901, seine depressiven Stimmungen, die ihn an den Rand des Selbstmordes trieben, bewertete Kaiser seine dichterische Tätigkeit wiederholt als eine Erlösung, die ihm half, seine nervösen Krankheitserscheinungen zu ertragen. "Vorübergehend trug ich mich während dieser Zeit mit Selbstötungsgedanken, bis ich die Erlösung in der Erkenntnis meiner dichterischen Begabung fand. Ich lebte nun nur mehr meiner dichterischen Mission," sagte er 1920 zu seinem Untersuchungsrichter.[51] "Grosse Genesung in Kunst" (IV, 557), heisst es in einer kurzen biographischen Notiz des Dichters in Bezug auf diese Zeit. Kaiser hatte schon vor und während seines Aufenthaltes in Südamerika Dramen geschrieben. Aber wohl erst in der Zeit nach seiner Rückkehr wurde ihm künstlerisches Produzieren zu einer existentiellen Frage. Das mag auch der Grund dafür sein, dass er später immer wieder behauptete, er habe erst in diesen Jahren zu schreiben angefangen. War hier die Kunst ihm überhaupt zunächst die Möglichkeit, sein Leben zu rechtfertigen und auszuhalten, so gewann sie schliesslich die Bedeutung einer Ersatzwelt. Kaiser sagte in seinem "Lebensbericht am Mikrophon" (1930) über die Zeit seiner langen Erkrankung nach 1901: "In diesen fünf Jahren, wo die Welt mir verschwunden war, wo ich fast unbeweglich am Zimmerfenster sass – da fand ich eine Welt, die nicht bestand. Die wahrhaftigere Welt der Dichtung" (IV, 604/05).

---

[48]   Brief an Margarethe Habenicht vom 26. November 1906 (GKA).
[49]   Brief an Margarethe Habenicht vom 12. Mai 1907 (GKA).
[50]   Ärztliches Gutachten Dr. Eugen Kahns vom 12. Januar 1921 (GKA).
[51]   Zitiert nach der Angeschuldigten-Vernehmung Georg Kaisers vor dem Landgericht München I vom 16. November 1920 (Abschrift GKA).

Was so an dichterischer Welt entstand, war nicht etwa ein romantischer Gegenentwurf zur Wirklichkeit, sondern, wie aus manchen Äusserungen Georg Kaisers deutlich wird, eine Form von Lebensersatz. In einem Brief an Elly und Margarethe Habenicht führte er aus, ". . . dass die Kunstbefähigung die stärkste Lebenssteigerung ausmacht."[52] In einer kurzen biographischen Notiz von 1920 steht der Satz: "Mit jedem Werk ein volles Leben gelebt" (IV, 557), und noch in einem Brief an Frida Haller von 1943 bekräftigte der Dichter: "Ich habe mich selbst geschaffen – in meinen Werken. Das ist mein Reich, in dem ich alles bin, Kaiser und Knecht – nach meinem Willen und stolzeren Suchen."[53] Dabei hat Kaiser dann nicht nur seine Lösung von der Wirklichkeit, sondern auch sein Kranksein als eine Voraussetzung dieser Art von Leben gesehen. Sokrates' Bejahung des schmerzenden Dorns, der zum Denken zwingt, gründet also durchaus in Kaisers eigener Erfahrung. Die schriftstellerische Arbeit, so sagte er 1920 zu Dr. Kahn, habe ihn zu einer positiven Bewertung der Krankheit geführt. "Das wurde zur Wendung, durch die ich zu jedem körperlichen Leiden ja sagte."[54] In einem Brief an Blanche Dergan heisst es: "Katastrophe – nur Erfüllung in ihr ist neues Werk."[55]

Als Lebensersatz gewann das Werk für Kaiser jenen zentralen Wert, auf den seine Existenz mit seltener Ausschliesslichkeit bezogen war. Cäsar von Arx, der Schweizer Freund, schrieb einmal über ihn: "Der Dramatiker dichtet nicht aus seinem Erlebnis heraus, er lebt in seine Dichtung hinein, die seinem Leben vorausgeht, wie der Lichtschein der Lampe."[56] Hier liegt der Grund dafür, dass Kaiser der Kalender seines Lebens so nebensächlich schien. Was für ihn zählte, waren die "Bezirke des Schaffens," nicht die "unproduktiven Zwischenräume."[57] Der Zustand von Glückseligkeit, in den er durch seine schöpferische Tätigkeit versetzt werde, sei unbeschreiblich, sagte Kaiser zu Dr. Kahn. Nachher komme allerdings regelmässig eine Zeit der tiefsten Verstimmung und der stärkste Zweifel, bis eine neue produktive Phase ihn wieder in die Höhe reisse.[58] In einem Brief an Frida Haller aus der Zeit des Exils wundert sich Kaiser: "Es ist sonderbar, wie vollkommen der Dichter in seinem Werk wohnen kann."[59]

Aus diesem Bewusstsein der Notwendigkeit des Werkes für sein Leben resultiert wohl auch seine Neigung, den Wert seiner Arbeiten zu verabsolutie-

---

[52] Brief vom 22. April 1907 (GKA).
[53] Brief vom 2. November 1943 (GKA).
[54] Ärztliches Gutachten Dr. Eugen Kahns vom 12. Januar 1921 (GKA).
[55] Brief aus Berlin, geschrieben ca. 1920 (GKA).
[56] Cäsar von Arx, "Nachwort," in: Georg Kaiser, *Griechische Dramen*, (Zürich, 1948), S. 380.
[57] Ärztliches Gutachten Dr. Eugen Kahns vom 12. Januar 1921 (GKA).
[58] Ärztliches Gutachten Dr. Eugen Kahns vom 12. Januar 1921 (GKA).
[59] Undatierter Brief an Frida Haller (GKA).

ren. Leidenschaftlich versuchte er den Richtern des Münchener Landgerichts klar zu machen, dass jene Diebstähle und Unterschlagungen, die man ihm zur Last legte, seinem Werk dienten: Finanzielle Schwierigkeiten drohten ihn abzulenken. So habe er, um seine Produktion nicht zu gefährden, zu jenen gemieteten Gegenständen gegriffen. "Der grosse schöpferische Mensch fühlt sich so eingestellt, dass er für das Zeitliche gar keine Empfindung mehr hat, also auch nicht dafür, was Mord und Totschlag ist."[60] Auch sah er sich den gegenwärtigen äusseren Schwierigkeiten schon wieder durch die Hoffnung auf neues Werk enthoben: "Wenn ich jetzt eingehe in ein neues Werk, mit dem ich eine neue Welt für mich aufrichte, habe ich doch gar kein Gefühl mehr, was was sich früh Angenehmes oder Unangenehmes ereignet hat. Das ist doch für mich ein verflossener Stern, auf dem ich mich mit keinem Gedanken wieder ansiedle."[61] Immer ausschliesslicher sah Kaiser sein Leben als Dienst an seinem Werk, das er zuweilen wie eine ihm überlegene Grösse ansah, der er sich verpflichtet fühlte. "Das Werk, das ich geschrieben und wohl abgeschlossen habe, ist über mich hinausgewachsen. Es macht mich zum Schuldner," sagte er 1942 zu Julius Marx (IV, 617).

Der solipsistische Zug des Künstlerbildes in den Theoretischen Schriften gründet unter anderem in diesem Sachverhalt. Gerade für Kaiser selbst gewann das dichterische Werk die Bedeutung einer Möglichkeit, sich zu entwickeln. Seine Stücke nannte er "Vorbereitungen zu mir selbst" (IV, 583) und versicherte: "Ich schreibe nur deshalb ein Theaterstück, um mir selbst zu beweisen, dass ich denken, Schlüsse ziehen und Ergebnisse aus dem menschlichen Leben gewinnen kann" (IV, 584). "Schöne Briefe erhalten Sie doch von mir," schrieb Kaiser 1907 an seine Schwiegermutter, "und noch bin ich Ihnen dankbar, dass ich im Schreiben mir selbst bedeutsam werde."[62] Wie sehr die programmatische Äusserung in den Theoretischen Schriften, das Dramenschreiben sei ein Mittel des Weiter- und Zuendedenkens, für Kaiser selbst gilt, beweist eine charakteristische Briefstelle von 1932: "Ich verfolge einen Gedanken in mir, den ich noch nicht stellen konnte. Tag und Nacht liege ich auf der Lauer und augenblicklich bin ich ihm in unwegsamstes Gehölz nachgeschlichen. Vielleicht überwindet er mich — vielleicht aber auch unterliegt er mir. Dann kehre ich mit der prunkendsten Trophäe aus dem Dickicht zurück. Einen Gedanken erlegen — was bietet die Erde unterm Mond sonst noch Erregendes? "[63] In Briefen aus der Zeit des Exils äusserte Kaiser immer wieder die Überzeugung, mit seinem Werk Erkenntnisse gewonnen zu

---

[60] Zitiert nach dem ärztlichen Gutachten Dr. Eugen Kahns vom 12. Januar 1921 (GKA).
[61] Zitiert nach dem ärztlichen Gutachten Dr. Eugen Kahns vom 12. Januar 1921 (GKA).
[62] Brief an Elly Habenicht vom 23. März 1907 (GKA).
[63] Brief an Fritz Stiedry vom 20. Dezember 1932 (GKA).

haben, die der Menschheit bis dahin verschlossen waren. Diese Auffassung seines Werkes als Mittel der eigenen Entwicklung verstärkte noch die Tendenz in Kaiser, der Umwelt nicht weiter zu achten. Ein Publikum existiere für ihn nicht, sagte er zu Hermann Kasack. Der Dichter habe viel zu viel mit sich selber zu tun. Er, Kaiser, schreibe keine Werke im Hinblick auf die spätere Aufführung und es sei ihm "beinahe peinlich," in zu nahe Beziehung zu dem Theater gebracht zu werden (IV, 596). Seine Schauspiele sollten vor allem auf ihn selber wirken. "Denn schliesslich bin ich auch Publikum" (IV, 599). Auch in einem Aphorismus aus der Zeit nach 1939 leugnete Kaiser jede Absicht der Einwirkung auf die Zuschauer: "Ich versuche mir in meinen Werken klar darüber zu werden, wer ich bin. Das ist der Grund, weshalb ich schreibe (IV, 633).

Kaisers Bemühen, sich ausserhalb der geistesgeschichtlichen Tradition zu sehen und sich jeder literarischen Gruppe fernzuhalten, gründet nicht nur in seiner Tendenz zur Absonderung, sondern auch in seiner wiederholt geäusserten Überzeugung, "Werkzeug" einer höheren Macht zu sein.[64] Mehrfach spricht er in den Theoretischen Schriften davon, dass er zum Schreiben "gezwungen" sei (IV, 592, 594, 605). Herbert Johannes Gigler versicherte er: "Ich will nicht schaffen – und in mir siedelt sich die Schöpfung mit wuchernder Verbreitung an. Das muss mit Entsetzen füllen. Das Entsetzen ist gross."[65] Und als er sein Drama *Hölle Weg Erde* beendet hatte, schrieb er an Otto Liebscher: "Neues Werk riss sich aus mir heraus – ich sträubte mich gegen die Niederschrift. Ganz deutlich wusste ich diesmal: Dass ich Werkzeug bin – ächzendes Mundstück eines Befehls, der tyrannisiert."[66] Die Macht, als deren Werkzeug er sich fühlte, hat Kaiser verschiedentlich zu benennen versucht. An die Braut schrieb er 1907:

Über jedem von uns liegt ein grosser Gedanke: und unter seinen breiten Flügeln hat Nähe, Landschaft, Ferne noch seinen Platz. Kein Glück im ersten Träumen ist der grosse Gedanke, er macht uns zu Arbeitenden am schwierigsten Stein. Aber wie dieser die unvergängliche Figur darstellt, so in aller Härte die Vorbereitung zur längsten Dauer. Und nun erstreben wir die schönste Figur. Die uns selbst darstellt, unsern tiefsten und vollsten Willen. Diesem die Reinheit schaffen, sein eigentümliches Leben ganz herausbringen – Schaffende aus sich sein und damit Schaffende an sich und in der klaren Verkörperung der eigenen Persönlichkeit das beste Glück, das auch das persönlichste Glück ist, sich geben – das ist unser Streben. Und in sich selbst formen und hart und linienfest machen, bietet man dem andern die herrlichste Gabe. Begreife mich hier: dies sind erhöhte Stunden. Dies ist Einsamkeit mit langen Schauern neuer und sicherer Geburten, mit klarer bedeuteten Formen und dem Stammeln zu klingender Sprache entwunden.[67]

---

[64] Aus einem Brief Georg Kaisers an Alfred Beierle, zitiert nach A. Beierle, "Begegnung mit Georg Kaiser," S. 990.

[65] Brief vom 5. Juni 1921 (GKA).

[66] Brief vom 17. Mai 1919 (GKA).

[67] Brief an Margarethe Habenicht vom 27. April 1907 (GKA).

Der "grosse Gedanke," der in ihn hineinwirkt, deckt sich hier also mit dem
Gebot der vollkommenen Selbstverwirklichung im Werk, ein Gebot, das ihn
von vornherein auf sich selbst verweist. Der Wunsch nach "Reinheit" als dem
Sich-Lösen von der Umgebung war immer in Kaiser lebendig. Hier stellte er
die Stille und Einsamkeit in sich her, die ihm schöpferisch wurde. Und er
fühlte sich von den Einfällen, die ihm jetzt kamen, so ergriffen, dass sie ihm
bald als willkürliche Akte erschienen, denen er in seinem Werk dann Form und
Sprache verleihen musste. Er schrieb im Oktober 1918 über sein Dichtertum
an Blanche Dergan: "Von Vision bedrängt — Werk im Aufbau trotz meines
Sträubens — grosse Akte sich selbst schaffend — ich muss das ertragen"
(GKA). Noch 1942 heisst es in einem Brief an Julius Marx: "Mein Leib ist
kein Lager der Freude, sondern der steinerne Herd, auf dem das Feuer loht,
das mich verbrennt, indem es die Leistung entfaltet, zu der ich berufen bin.
Ich lebe dieser Berufung, die ich in Kindertagen schon empfand und von der
kein Strahl in meinem Alter — in meiner Reife verblichen ist" (GKA).
    Zuweilen sprach Kaiser von der schöpferischen Kraft in sich als einem
"Gott der Kunst."[68] Otto Liebscher bekannte er: "Ich weiss, dass in meinen
grossen Stunden der reine Gott in meines Leibes Demut sein Gezelt
aufschlägt —: Ich weiss, dass ich sein Wächter bin und will mit aller Kraft den
Gott in mir verteidigen."[69] Er sprach von seinen Perioden intensiven Schaffens
daher auch gerne als Zeiten "massloser Verklärung."[70] Und wie sehr auch
diese Herleitung seiner schöpferischen Kraft von einer überweltlichen, heiligen
Macht seine Selbsterhebung bestimmte, zeigt ein Brief an seine Tochter
Sibylle von 1940, in dem Kaiser ihr versichert, dass er nach dem Kriege wieder
in seine "Herrschaftsrechte" eingesetzt werde: "Aber so hoch werden wir
thronen, dass wir den Staub des Volkes nicht mehr unter uns sehen. Denn
mein Reich ist nicht von dieser Welt. Ich habe ganz besondere Segnungen
erfahren, und im Rauschen der Stille vernehme ich die Redseligkeit des
Nichts, das sonst allen verborgen ist."[71]
    Kaisers wiederholte Berufung auf diese Macht, deren Mundstück er zu sein
meinte, vermittelt den Eindruck, als sei sein Werk ihm zugefallen, als fehlte
jeder Zusammenhang mit der geistesgeschichtlichen Situation. Tatsächlich
aber hatte Kaiser den überlieferten Bildungsgütern ungemein viel zu verdan-
ken. Es ist sogar kennzeichnend für ihn, dass seine Lektüre der wesentliche
"Erlebnisgrund" seines Schaffens war. Während seiner Schul- und Lehrzeit,
selbst während seiner kaufmännischen Tätigkeit in Argentinien und dann vor
allem in den nachfolgenden sieben Jahren bis zu seiner Eheschliessung hat
Kaiser ein enormes Lesepensum bewältigt. Auf den Einfluss Platons, Nietz-

---

[68]   Brief an Alma Staub vom 6. März 1944 (GKA).
[69]   Brief vom 9. Oktober 1919 (GKA).
[70]   Brief an Otto Liebscher vom 13. August 1919 (GKA).
[71]   Brief an Sibylle Kaiser vom 17. November 1940 (GKA).

sches und Ibsens auf verschiedene seiner Werke hat er selber hingewiesen. Auch geht aus den Theoretischen Schriften seine Bekanntschaft mit Werken Hauptmanns, Wedekinds, Strindbergs, Kleists, Büchners, Sternheims, Iwan Golls, Flauberts, Mallarmés, Rimbauds, Reinhard Görings, Brechts, Schillers, Alfred Wolfensteins und Hölderlins hervor. Gerade der junge Kaiser hat sein Handwerk in der Auseinandersetzung mit den grossen Dramatikern der Weltliteratur und den literarischen Strömungen seiner Zeit erlernt. Edith Lach fasst in ihrer Arbeit über die Quellen zu Georg Kaisers Stücken zusammen: "Zeit seines Lebens suchte er die Auseinandersetzung mit neuen und alten Stoffen und setzte sich mit ungewöhnlich vielen Werken der deutschen, englischen, französischen, italienischen, spanischen, nordischen, russischen und asiatischen Literatur auseinander."[72] Goethe, Nietzsche, Holz, Hauptmann, Wedekind, Hebbel, Shaw, Ibsen, Wagner, Kleist, Büchner – das sind nur die wichtigsten Namen jener, deren Werken er in besonderem Masse verpflichtet war.

Später scheint Kaiser weniger gelesen zu haben. Eine Bibliothek zu besitzen, könne er sich nicht vorstellen, schrieb er an Cäsar von Arx.[73] Aber bis zuletzt lieferte seine Lektüre Material zu seinen Stücken oder versetzten Bücher ihn in die Stimmung, welche zu schreiben. So fühlte er sich 1939 nach der Lektüre von Steinbecks Roman Die *Früchte des Zorns* in der rechten Stimmung, den *Soldaten Tanaka* zu Papier zu bringen,[74] und 1941 begann er ein Drama mit dem Titel "Simone Francœr," für das er, wie Arnold fand, Bücher von Julien Green, Jean Giono und Charles Plinier las.[75] 1926 sprach Georg Kaiser in der Antwort auf eine Presseumfrage von langen Vorarbeiten zu manchen seiner Stücke: "Zuweilen bin ich in einem Monat fertig, zuweilen dauern die Vorstudien jahrelang" (IV, 591). Solche Studien trieb Kaiser etwa für sein geplantes Stück "Der Dolch" und die Dramen Die *Bürger von Calais* und *Der Brand im Opernhaus,* und das Material lieferten auch hier in erster Linie Bücher. Edith Lach hat nachgewiesen, dass Kaiser für 27 seiner Dramen literarische Quellen verwandt hat. Später lieferten auch Zeitungsnotizen den Stoff, so für *Kolportage, Oktobertag, Mississippi, Der Soldat Tanaka* und *Das Floss der Medusa.* Linicks Annahme, Kaiser habe sich um die literarischen Werke seiner Zeitgenossen nicht gekümmert,[76] eine Meinung, die auch

---

[72] Edith Lach, "Die Quellen zu Georg Kaisers Stücken," (Diss. McGill University, Montreal, 1971), Abstract.
[73] Brief an Cäsar von Arx vom 8. Februar 1940, zitiert nach A. Arnold, "Georg Kaiser in der Schweiz," S. 521.
[74] Vgl. Kaisers Brief an Cäsar von Arx vom 4. Februar 1939, angeführt bei Rudolph Adolph, "Georg Kaisers letzte Jahre," *Frankfurter Hefte*, 8 (1953), 380.
[75] Vgl. Armin Arnold, "Georg Kaiser in der Schweiz," S. 526.
[76] Vgl. L. M. Linick, "Der Subjektivismus im Werk Georg Kaisers," S. 90.

Fivian[77] und Meese[78] noch vertreten, nimmt Kaisers Äusserungen allzu wörtlich. Ohne Zweifel war ihm die Dramatik des Expressionismus weitgehend bekannt. Zu den Werken Görings, Wedekinds, Sternheims und Iwan Golls hat er in den Theoretischen Schriften Stellung genommen. Mit Alfred Wolfenstein, Iwan Goll, Ernst Toller und Franz Theodor Czokor war er befreundet. Schliesslich hat er sich selbst mit dem Programm des Expressionismus identifiziert. In seiner Berliner Zweitwohnung traf er sich in den späten zwanziger Jahren regelmässig mit anderen Schriftstellern, darunter Brecht, Kasack, Becher, Loerke und Wolfenstein, und diskutierte mit ihnen über die literarische Produktion jener Zeit.

Darauf, dass Kaiser bei der Kreation seiner Werke häufig von geographischen, historischen und biographischen Realitäten ausgegangen ist, weist Walther Huder hin.[79] Deutlich färbte auch der Zeithintergrund, vor allem die beiden Kriege und Kaisers persönliches Schicksal in der Emigration auf seine Stücke ab, selten aber sind es bestimmte Erlebnisse gewesen, die ihn zu einem Drama angeregt haben. Der Besuch in einem Negerdorf auf der Rückreise von Argentinien habe ihn später zu seinem Drama *Gats* angeregt (IV, 582), der Aufenthalt in einer Bank und die Ausstellung eines Kreditbriefes für eine Reise nach Italien zu *Von morgens bis mitternachts* (IV, 592), so berichtet er. Wie ungenau Kaiser allerdings bei Angaben über Anlässe zu seinen Stücken sein konnte, zeigt seine Behauptung, die *Bürger von Calais* (1912/13) seien 1915, und zwar "wahrscheinlich als eine Art innerer Abwehr gegen all das grauenhaft Unanständige, das von der ganzen Welt Besitz ergriffen hatte" entstanden (IV,608). Ebensowenig ernst zu nehmen ist seine Antwort auf eine Rundfrage von 1926, wo es heisst: "Meine szenischen Werke haben stets denselben Ausgangspunkt: das Bedürfnis, diejenigen zu verteidigen, die im Schatten leben" (IV, 592).

Gewinnen wir so einerseits das Bild eines Dichters, der sich früh zum Dramatiker berufen fühlte und in jahrelangem Bemühen an sich arbeitete, der, angeregt von den überlieferten Bildungsgütern und in Auseinandersetzung mit der zeitgenössischen Literatur seinen Stil suchte und fand, so zeigt sich andererseits, dass sich der ihm eigene Schwung nervöser Hochspannungen seinen dichterischen Plänen mitteilte und seinem ganzen Schaffen einen Zug der Besessenheit verlieh. Hatte er eine Arbeit begonnen, lebte er wie in einem "Trancezustand,"[80] vergass die Welt um sich herum und arbeitete mit aller Intensität bis zur völligen Erschöpfung. Nach der Fertigstellung des *Geretteten Alkibiades* schrieb er an Otto Liebscher: "Ich bin auf den Tod erschöpft. Ich

---

[77] Vgl. E. A. Fivian, *Georg Kaiser und seine Stellung im Expressionismus,* S. 9.
[78] Vgl. A. Meese, "Die Theoretischen Schriften Georg Kaisers," S. 73/74.
[79] Vgl. W. Huder, "Nachwort," in: Georg Kaiser, *Stücke, Erzählungen, Aufsätze, Gedichte,* S. 776.
[80] Ärztliches Gutachten Dr. Eugen Kahns vom 12. Januar 1921 (GKA).

zittere gehend – sitzend – unruhig ruhend – schlaflos."[81] Diese "mono-manische Produktivität"[82] trat schon in den Jahren nach 1901 in Erscheinung. Kaisers Bruder Albrecht spricht von einem "fast hemmungslosen Verlangen nach literarischer Betätigung,"[83] und beobachtete auch nach Georgs Ehe-schliessung dieselbe "nervöse Hetzjagd und leidenschaftliche Arbeitskraft."[84] Vor allem im Alter hat Kaiser mit unglaublicher Geschwindigkeit produziert. Sein Drama *Die Spieldose* entstand innerhalb von 15 Tagen im Dezember 1942, die drei "griechischen Dramen" in einem einzigen Schaffensrausch in der Zeit vom Mai 1943 bis zum 1. April 1944. Und mit ähnlicher Gewalt brach das "Werk Gedichte" aus ihm hervor. Nicht immer waren ihm seine Werke so schnell gelungen, man kann aber ohne Übertreibung sagen, dass Kaiser 50 Jahre lang fast ununterbrochen geschrieben hat oder mit Plänen oder Vorstudien zu Stücken beschäftigt war.

Die Idee, dass der Künstler mit seinem Schaffen Leben an das Werk abgibt, gründet in Kaisers lebenslanger Erfahrung. An Maria Liebscher schrieb er 1919: "Schrankenloser Verbrauch meiner selbst geschieht – der Rest kann dann nur ein Schlauch sein, dem der Wein bis auf den letzten Tropfen entfloss."[85] Kaiser gebraucht hier ein ähnlich vitalistisches Bild wie das der versandeten Quelle im *Geretteten Alkibiades,* wo der gleiche Vorgang beschrieben wird. Während des Exils noch klagte Kaiser: "Das ist des Dichters Lohn. . . . Wir sterben an unseren Werken, damit diese in Ewigkeit leben. So sät der Tod das Leben aus."[86] Und ganz ähnlich wie in seinem Werk interpretiert Kaiser diese Abgabe an Leben als ein Opfer für die Menschheit, das ihn an die Seite Christi stellt. So schrieb er 1943 an Frida Haller über seine erschöpfende Hingabe an seine Dichtungen: "So liefert sich Christus bis zum Tod an sein Werk aus – um den Tod zu überwinden im ewigen Bestand seiner Tat."[87]

Sehnsucht nach dem Erlebnis

In seinem Brief vom 19. November 1920 führte Albrecht Kaiser die gehetzte Arbeitsweise seines Bruders Georg auf dessen beständige finanzielle Schwierig-

---

[81] Brief vom 13. August 1919 (GKA).
[82] Hugo F. Königsgarten, "Georg Kaiser," in: *Deutsche Dichter der Moderne,* Hrsg. Benno von Wiese, 2. Aufl. (Berlin, 1969), S. 464.
[83] Brief Albrecht Kaisers an das Landgericht München I vom 19. November 1920 (GKA).
[84] Brief Albrecht Kaisers an das Landgericht München I vom 19. November 1920 (GKA).
[85] Brief vom 16. Juli 1919 (GKA).
[86] Brief an Julius Marx vom 11. September 1941 (GKA).
[87] Brief vom 15. April 1943 (GKA).

keiten zurück.[88] Kaiser selbst bestätigte das im gleichen Jahr vor seinem psychiatrischen Gutachter: "Ich durfte nie rasten, denn ich hatte Verpflichtungen zu erledigen und diese geldlichen Verpflichtungen wurden mir der Anstoss, meine ganze Begabung zu steigern und fruchtbar zu machen, und das ist das Gute daran gewesen."[89] Drückende finanzielle Sorgen bedrängten den Dichter seit etwa 1916. Margarethe Kaiser, seine Frau, konnte den grössten Teil ihres beträchtlichen Erbes erst nach dem Tode ihrer Mutter erwarten. Bedeutende Darlehen der Brüder und anderer Verwandter wurden durch die beiden Haushalte Kaisers in Seeheim und Weimar schnell verbraucht. Als er dann seit 1918 endlich hohe Buchauflagen erzielte und die Filmrechte für mehrere Stücke verkaufen konnte, blieb nach der Rückzahlung seiner Schulden nicht mehr genug zum Leben übrig. Kaiser fing an, sich in einem Masse um die Aufführung und Drucklegung seiner Werke zu bemühen, das seiner Sehnsucht nach Ruhe und Einsamkeit gänzlich entgegenstand. Er bot seine Stücke den verschiedenen Theatern an, gab Ratschläge zu Inszenierungen, beteiligte sich an der Auswahl von Schauspielern, liess Kostüme entwerfen, bemühte sich um Aufführungstermine, nahm an Proben teil, gab Dichterlesungen und veranstaltete Vorträge zu Aufführungen. Alles dies machte die zwei Jahre von 1918 bis 1920 ungemein hektisch. Kaiser war fast ununterbrochen auf Reisen, um mit den Intendanten verschiedener Bühnen und Verlagsagenten zu verhandeln. Schwerpunkte waren Berlin, Frankfurt, Nürnberg und München. Dazwischen lag die intensive Arbeit an seinem Werk.

Ende 1918 wurde Kaisers gesamtes Eigentum zur Schuldentilgung konfisziert. Er brachte seine Familie in einer kleinen Münchner Pension unter und hielt sich in den ersten Monaten des Jahres 1919 meist in Berlin auf. Im Mai kehrte er nach München zurück und mietete eine geräumige Wohnung in der Ainmillerstrasse, die er dann ein Jahr später verliess, um die "Villa Scholl" in Tutzing zu beziehen. In seiner Geldnot machte er inzwischen neue Schulden und war ständig von Gläubigern und Pfandleihern belagert. Ein Brief an Otto Liebscher vom 9. Oktober 1919 macht deutlich, wie sehr ihn die ewigen Besuche und Mahnungen seiner Gläubiger erniedrigten. Er schrieb, er arbeite an einem Stück mit dem Titel "Der verlorene Groschen," das "über *Hölle Weg Erde* hinaus eine unerbittliche Abrechnung mit den Schurken, die mich antasten dürfen, präsentiert" (GKA). Auf dem Hintergrund dieser Nachricht darf man also den Messerstich des Künstlers Spazierer gegen den Pfandleiher in *Hölle Weg Erde* auch als eine Geste Kaisers sehen, die sagen will: Lasst mich in Ruhe um des Werkes willen. Mein Werk ist so gross und gerade für Euch so wichtig, dass Eure kleinlichen Bemühungen, Schulden einzutreiben, zur

---

[88] Brief Albrecht Kaisers an das Landgericht München I vom 19. November 1920 (GKA).
[89] Gutachten Dr. Eugen Kahns vom 12. Januar 1921 (GKA).

DER KÜNSTLER GEORG KAISER

letzten Nebensächlichkeit, ja zu Frevel werden, da sie mich in der Arbeit an meinem Werk aufhalten!

Nun verschlechterte sich trotz grosszügiger Vorauszahlungen seines neuen Verlegers Kiepenheuer in Potsdam aber schliesslich die finanzielle Lage so sehr, dass Kaiser, um leben und seine drückendsten Schulden abzahlen zu können, Teile des gemieteten Inventars seiner Wohnungen in München und Tutzing verpfändete oder verkaufte. In ähnlicher Weise vergriff er sich an einigen ihm von Freunden zur sicheren Aufbewahrung anvertrauten Wertgegenständen. Er hatte offenbar die Absicht, alle diese Gegenstände aus erwarteten Filmeinnahmen wieder auszulösen oder zu ersetzen, der Schaden wurde jedoch früh entdeckt. Kaiser wurde von den Wohnungseigentümern angezeigt, am 13. Oktober 1920 in Berlin verhaftet, nach München transportiert und dort in Untersuchungshaft behalten. Während der Voruntersuchung beantragte die Verteidigung, den Dramatiker auf seinen Geisteszustand untersuchen zu lassen, ". . . da Kaiser geistesgestört und deshalb nicht nur nicht für die ihm zur Last gelegten Straftaten verantwortlich, sondern auch nicht haftfähig ist."[90] Nachdem sich der Gerichtsarzt dem Antrag für eine Untersuchung angeschlossen hatte, wurde der Dichter vom 11. Dezember 1920 bis zum 5. Januar 1921 einer psychiatrischen Beobachtung unterzogen, deren Ergebnis jenes bereits zitierte Gutachten von Dr. Eugen Kahn ist. Es kommt zu dem Ergebnis, Kaiser sei ein "erblich belasteter, mit Intelligenz und Phantasie ungewöhnlich begabter, in seinem Gemütsleben unausgeglichener, sensitiver, willensschwacher Psychopath mit Neigung zu Angst- und Zwangsvorstellungen und zu hysterischen Reaktionen."[91] Eine Geisteskrankheit wurde in Abrede gestellt. Kaiser wurde am 15. Februar 1921 zu einem Jahr Gefängnis verurteilt, am 16. April aber bereits unter Anrechnung von vier Monaten Untersuchungshaft und sechs Monaten Bewährung aus der Haft entlassen.

Der Dramatiker hat mehrfach zu seinen Vergehen Stellung genommen – vor dem Untersuchungsrichter, dem Psychiater und in einem langen Schreiben an den Berliner Kritiker Max Schach. Der Vergleich dieser Aussagen miteinander bestätigt Kaisers Neigung, seine Person und seine Erlebnisse bei verschiedenen Gelegenheiten völlig verschieden zu sehen und zu bewerten. Vor dem Untersuchungsrichter gestand der Dichter, er sei sich der Widerrechtlichkeit und Strafbarkeit seiner Handlungsweise bewusst gewesen. Er machte jedoch geltend, dass er nicht die Absicht gehabt habe, die Eigentümer jener Gegenstände zu schädigen und dass er die Gewissheit besass, die Dinge durch Gewinne aus seiner künstlerischen Tätigkeit bald ersetzen zu können.[92] Dem

90 Antrag des Verteidigers Leo Pinner vom 27. Oktober 1920 (GKA).
91 Gutachten Dr. Eugen Kahns vom 12. Januar 1921 (GKA).
92 Protokoll der Angeschuldigten-Vernehmung vom 16. November 1920 (GKA).

Psychiater versuchte Kaiser immer erneut und mit grosser Eindringlichkeit den inneren Zustand klarzumachen, in dem er sich während der Tatzeit befand. Er habe in den beiden letzten Jahren auf dem Höhepunkt schöpferischer Leistung gestanden; in der Wohnung in der Ainmillerstrasse habe er in wenigen Monaten den *Geretteten Alkibiades* und vier Entwürfe zu Papier gebracht. Nach einem Nervenzusammenbruch sei er nach Tutzing gezogen, wo er die Villa Scholl mietete, um in ihr *Gas. Zweiter Teil* zu schreiben, was von Mitte bis Ende Mai 1920 geschehen sei. In dieser Zeit höchster schöpferischer Spannung habe er jede Störung von aussen um des Werkes willen ausschalten müssen. "In der Hast mit der ich zugriff, hatte ich die Realität beiseite geschoben und war wieder ganz bei mir."[93] Hinterher erst habe er dann entsetzt festgestellt, was er getan hatte und sich erneut in Arbeit gestürzt, um den Schaden ersetzen zu können.

Auch mass Kaiser diese Vergehen jetzt an seinem Werk selbst und plädierte: "Dieses Grosse, das ich mir schaffen konnte, durfte darum nicht ungeschaffen bleiben, weil ich einen Luxusteppich nicht anrühren durfte."[94] Er hätte alles getan, um eine Unterbrechung seiner Arbeit zu verhindern, ". . . denn ich wusste, diese Zeit kommt nie wieder." In dieser Situation des schöpferischen Hervorbringens und der drohenden Störung durch Geldmangel hätten sich ihm die ihn umgebenden Wertgegenstände geradezu angeboten. "Diese fabelhafte Leichtigkeit, mich rasch aus einer wirtschaftlichen Sache zu befreien, der habe ich keinen Widerstand entgegengesetzt."[95] Diese Äusserungen klingen durchaus glaubhaft. Denn Kaiser hat tatsächlich nichts so sehr aus der Fassung bringen können wie die Unterbrechung einer Arbeit, die jeweils eruptiv in ihm hervorbrach und mit grösster Intensität zu Ende gebracht wurde. 1938 zum Beispiel lehnte er eine Einladung von Frau Alma Révy nach Männedorf in der Schweiz mit der charakteristischen Begründung ab: "In der Klosterzelle eines neuen Schriftwerkes lebe ich. Gebannt an das Schreibpult. Wenn ich von ihm zu früh aufstrebe, stürzt alles zusammen. Und es darf nichts zusammenstürzen — was würde aus mir? Ich diene sehr harter Frohn."[96] Seine Arbeit hatte in seinen Augen mit der Wirklichkeit so wenig zu tun, dass er während jener Voruntersuchung 1920 die Anwendung bürgerlicher Gesetze auf seine Situation als Unrecht empfand. Er rief aus: "Wer viel geleistet hat, ist a priori straffrei. Soll er dafür gestraft werden, dass er viel geleistet hat?"[97] In die selbstverständliche Alltäglichkeit der Strafe konnte er sich nicht hineinfinden und betrachtete sich als vergewaltigt. Immer wieder versuchte Kaiser so, das Besondere seiner Situation geltend zu machen und glaubte, dass er mit seiner

---

[93] Gutachten Dr. Eugen Kahns vom 12. Januar 1921.
[94] Ibidem.
[95] Ibidem.
[96] Brief an Alma Joe Révy von 1938 (GKA).
[97] Zitiert nach dem Gutachten Dr. Eugen Kahns vom 12. Januar 1921 (GKA).

Untersuchungshaft bereits mehr gestraft wurde als andere, da sie ihn an künstlerischer Produktion hinderte.

Eine völlig andere Interpretation gibt Kaiser seinem Vergehen in einem Brief, den er am 21. Februar 1921 aus dem Untersuchungsgefängnis an Max Schach schrieb. Hier plötzlich werden die Delikte nicht als Opfer für das Werk gesehen, sondern als ein Versuch, vor dem Werk in die Wirklichkeit zu fliehen:

> Schon in den letzten Jahren tauchte dies auf: *Das ist das Leben nicht!* Was —: die Schreibung von Werk und Werk, das missverständlich dann an das Theater geriet. . . . Keinem Erlebnis wird irgend ein Werk gerecht. Noch grauenhafter ist die Umkehrung: das Werk — oder die Werke verkümmern *das* Erlebnis, das ich selbst bin. . . . Ich lehne es ab: nicht *mehr* zu sein als mein Werk. Ich dulde nicht die Verstümmelung meines Erlebnisses, indem ich auf das vorliegende Werke festgenagelt werde. Diese zufälligen Werke sind — eben sehr zufällig: Anekdoten des ungeheuren Erlebnisses, das *ich* bin; Produkte aus Epochen der Ermüdung, in denen man nach einem Halt greift, sind Werke, Die Intermezzi zwischen Erregungen; feiges Verzweifeln (IV, 559).

Es sei ihm ganz unmöglich gewesen, ein Leben zu ertragen, das zur Bestimmung erstarrte und ihn zu *einer* Form des Daseins "verkrüppelte" (IV, 559), so fährt Kaiser fort. Das Delikt, das ihn ins Gefängnis brachte, sei daher ein unbewusster Ausbruch aus seinem "Werke Dichter" (IV, 560) gewesen, und er habe diesen Ausbruch wie eine Befreiung zu sich selbst empfunden. "Es musste andere gewaltigere Erschütterungen geben als das Werk und Ruhm und Dichter — die das Erlebnis *Ich* ganz anders gross freimachten, mich in mir selbst breiter und tiefer blosslegten" (IV, 560).

Man mag diese Äusserungen, die alle vorher gemachten Angaben geradezu auf den Kopf stellen, als die Folge einer plötzlichen Krise deuten, die Kaiser mit der Angst, das Leben über die unbedingte Hinwendung an das dichterische Werk versäumt zu haben, in tiefe Zweifel an seiner Berufung stürzte. Tatsächlich war aber eine solche Angst vor der einseitig geistigen Lebensweise von vornherein mit seinem Künstlertum verbunden. Es gibt eine ganze Reihe von Briefen des Dichters aus dem Jahre 1907 an seine Braut Margarethe Habenicht, die das bezeugen, die deutlich machen, dass die Interessen von Person und Künstler in Kaiser schon früh auseinanderfallen konnten. Am 13. Juni schrieb er:

> In der alten Zwiespältigkeit sitze ich eigentlich wieder mitten drin. Sie bereitet mir oft nicht vergnügliche Stunden. . . . Bin ich allein, so wirft sich sogleich hintertückisch das Werk mit seinen tausend Sorgen auf mich. Das bläst dann mit eisigem Luftzuge auf die entfachten warmen Fackeln. Ein ganz eigentümlicher Zustand ist das. Da ich jetzt durchaus lebensverlangender geworden bin, lerne ich da ganz neue Schranken und Beschränkungen kennen, an die ich mich vordem nie stiess als der im Wirken — mit einer gewissen Seligkeit darin — Entschlafene (GKA).

Kaiser wurde sich in dieser Zeit bewusst, wie sehr ihn die Arbeit auch von seiner Frau trennen würde, da ihm nur immer das eine oder das andere, das Leben als Person oder das Leben im Werk möglich war. Was ihm einerseits

Lebensersatz geworden war, konnte ihm, wenn er einmal wirklich leben wollte, andererseits zum Hindernis werden. Als er nach einem sommerlichen Aufenthalt mit Margarethe auf Juist nicht mit ihr nach Magdeburg zurückkehrte, um in Ruhe arbeiten zu können, klagte er: "Das Werk! Das Werk! – um des Werkes willen! Solche einsamen Dinge um des Werkes willen! Muss es nicht erröten? Um seinetwillen? O es ist viel!"[98]

So sehr Kaiser die Einsamkeit suchte, er hat zugleich an seiner Isolation gelitten. In Südamerika hatte er "Vereinsamungsgefühle," so gestand er einmal,[99] später fühlte er sich ausgestossen und sehnte sich danach, sich anderen anzuschliessen.[100] Wolfgang Paulsen ist daher der Meinung, Kaiser habe "die persönliche Konfrontierung mit dem Richter triebhaft gesucht, es auf das Erlebnis vor dem Richterstuhl mehr noch als die Erfahrungen im Gefängnis, wie er sie selbst dargestellt hat, angelegt."[101] Ähnlich urteilt Wolfgang Fix, wenn er schreibt, Kaiser habe sich die Schmach aufgeladen, "um durch das Leiden zu einer neuen Lebensintensität zu gelangen."[102] Wir wissen aus den Theoretischen Schriften, wie sehr Kaiser sich bewusst war, dass der Künstler seine Arbeit mit Lebensschwäche bezahlt. Es wäre daher psychologisch durchaus denkbar, dass er in der Zeit höchster geistiger Anspannung den Verlust an Realität nicht aushielt und der Gelegenheit zum Diebstahl auch deshalb keinen Widerstand entgegensetzte, um sich der Wirklichkeit auszusetzen, die sich dann strafend intensiv seiner bemächtigte. Diese Vermutung wird noch bestärkt, wenn man das Stück *Noli me tangere* heranzieht, das Kaiser während seiner Haft im Gefängnis Stadelheim schrieb und in dem er seine Verhaftung, seinen so umständlichen wie demütigenden Transport nach München und seine Einlieferung ins Untersuchungsgefängnis als Fabel verwandte. Hier wird nämlich die Dichterfigur von Jesus aus den Höhen seines abstrakten Ideenreiches an die Wirklichkeit und das Schicksal der Menschen verwiesen.

Zunächst empfand Kaiser seine Verhaftung auch als Zusammenbruch seiner künstlerischen Existenz. An seine Frau schrieb er am 30. Dezember 1920: "Das Bewusstsein meiner besonderen Kraft im Geiste ist vorläufig um keinen Grad verringert, nur ist es ganz unklar, in welcher Weise ich von nun an davon Gebrauch machen werde. Den Menschen bin ich so tief entfremdet, dass ich ihre Gesichter und Stimmen nicht ertrage. Was soll daraus werden? " (GKA). Sein bereits zitierter Brief an Max Schach vom 10. Februar 1921 klingt jedoch schon zuversichtlicher. Kaiser schreibt hier, er habe das Gefühl, ihm werde ein

---

[98] Brief vom 26. Juli 1907 (GKA).
[99] Gutachten Dr. Eugen Kahns vom 12. Januar 1921 (GKA).
[100] Nach Angaben Georg Kaisers im Gutachten Dr. Eugen Kahns vom 12. Januar 1921 (GKA).
[101] W. Paulsen, *Georg Kaiser*, S. 47.
[102] W. Fix, "Die Ironie im Drama Georg Kaisers," S. 24.

"zweites Leben" geschenkt: "Es geschah dies, was selten — fast nie einem
Menschen in der Mitte seines Lebens verliehen wird: Wiedergeburt — zweites
Werden — und nicht aus dunklem Mutterschosse unbewusst: sondern gleich in
erster Sekunde mit aller Klarheit begabt. Es stellte sich *einem* Menschen ein
zweites Leben ein!!" (IV, 561). Und Blanche Dergan beschreibt er nun, wie
sich ihm auch diese Erfahrung in Schöpfung verwandeln werde: "Auch diese
Frist verstreicht eines Tages — und die Schöpfung entrollt meinen Fingern und
macht aus allem Legende, was früher war und an dessen Sinn man sich danach
nicht mehr erinnert. Ich bin ein Sinnbild für alle: Untergang des Menschen
und Aufgang desselben Menschen: die Zweimaligkeit ein- und desselben wird
die Norm für Menschwerdung und Menschsein."[103] Und nun schreibt er auch
an seine Frau: "Ich habe auch geistig-denkerisch einen so tiefen Wandel
durchgemacht, dass ich keine Anknüpfung an mich selbst mehr fände. . . .
Aber Du bist da und wirst mir helfen, aus dem Schlafwandel hinüberzugleiten
in neues Dasein, das wacher lebt als je zuvor!"[104]

Wie sehr Kaiser während dieser ganzen Zeit in dem Spannungsfeld von Geist
und Leben eine neue Orientierung suchte, wird auch deutlich in der
Gesamtheit seines Briefwechsels mit Blanche Dergan, der sich über die Zeit
vom Herbst 1918 bis zum Frühjahr 1924 erstreckt. Noch in einem Brief vom
April 1919 ermahnte er die Freundin, an die Künstlerin in sich mehr zu
denken als an sich als Person. Er rät ihr, nach Frankfurt zu gehen, weil das
ihrem Künstlertum förderlicher sei als Berlin, und obwohl er in Berlin eher
hoffen könne sie zu sehen; "aber so hoch steht Kunst über dem Menschlichen,
dass ich für die Vollendung Ihrer Künstlerschaft auf meine Wünsche verzichte"
(GKA). Im November 1919 dagegen spricht Kaiser von seiner "Umwandlung"
und zögert, "sich *gegen* das Menschliche *für* das Künstlerische zu entscheiden."
In dem gleichen Brief bekennt er dann: "Die Kunst ist eine sehr kleine Provinz
in unserem Reich — ich merke, wie sie immer mehr zusammenschrumpft, um
ausschliesslich dem Platz zu machen, was ich noch nicht mit Worten
auszusprechen vermag" (GKA). Aus dem Gefängnis Stadelheim schreibt er im
Januar 1921 an sie deutlicher: "Was ich erlebe? — mich! Was heisst Dichter
sein ? — Mensch sein und von sich aussagen" (GKA).

Während ihm bisher die dichterische Hervorbringung nur in der Distanz
zum Leben möglich schien, erlebt Kaiser in seiner Beziehung zu Blanche
Dergan, wie nun diese schöpferische Produktion gerade aus dem Erleben, hier
aus der Liebe, hervorgehen konnte. Im Juni 1922 schrieb er ihr: "Um das
Erlebnis Deiner Gestalt baut sich Schöpfung von Werk" (GKA). Er arbeitete
an dem Künstlerdrama *Die Flucht nach Venedig,* in dem sich der Dichterin
George Sand alles Erleben unwillkürlich in Literatur verwandelt, ohne dass sie

---

[103]   Undatierter Brief aus dem Gefängnis Stadelheim (GKA).
[104]   Brief vom 6. Februar 1921 (GKA).

die Neigung und Fähigkeit zu tiefem Erleben verliert. Im Unterschied zu dieser seiner Künstlerfigur aber konnte Kaiser selbst das Equilibrium zwischen Leben und Kunst in sich nicht erhalten. Bereits mit der Arbeit an diesem Stück sah er sich erneut "vor den Karren der Produktion" gespannt,[105] und schnell war die ausschliessliche Hingabe an das Werk wiederhergestellt, die jedes Erleben als Störung empfindet und vermeidet. An Blanche schrieb er jetzt: "Ausblick nach Tagen mit Dir darf mich noch nicht zu sehr beschäftigen – ich könnte versucht sein, sehr faul zu werden und zu sehr das Leben zu lieben. Aber wer im Geiste schafft, hat kein eigenes Leben."[106] Ihrem Drängen auf ein Wiedersehen wich er aus: "Unterbreche ich jetzt – habe ich alles verloren."[107] Er schaute oft wehmütig zurück, sehnte sich nach der Erneuerung des "Menschen" in sich, entschied sich aber dann doch dafür, "ein neues Amerika des Denkens" aufzufinden.[108] Ihre Bitte, der Premiere der *Flucht nach Venedig* beizuwohnen, bei der Blanche die Sand spielen sollte, lehnte er zuletzt schroff ab, das Ausbleiben weiterer Briefe entschuldigte er mit erneuter Arbeit an seinem Werk: "Es gibt Zeiten, in denen ich nicht lebe."[109]

Stellt man sich noch einmal die Ereignisse der Jahre 1918 bis 1922 nacheinander vor Augen, so erscheint diese Epoche als eine Krise, in der Kaiser sich der abstrakten Position seines Dichtertums schmerzlich bewusst wurde. Hatte er die Kunst als Lebensersatz gesehen und gesucht, so war ihm das Gefühl und schliesslich die Einsicht gekommen, dass ihm sein künstlerisches Schaffen den Verlust an Realität, den seine Selbstisolierung bewirkte, nicht ersetzen konnte. Der Brief an Schach macht deutlich, wie der Dramatiker daher versuchte, sich als Person gegen die ausschliessliche Inanspruchnahme durch sein Werk zu behaupten, und sich dem "Leben" zu öffnen. Sobald aber dieses Leben ihm Erlebnisse – oder "Erschütterungen," wie Kaiser sie gern nannte – bescherte, setzte er sie um in Literatur, die ihn dann das Leben erneut fliehen liess. Trotzdem: einmal durch diese Krise gegangen, gewann der Dramatiker, wie die Theoretischen Schriften und Briefe, aber auch die Dramen der folgenden Jahre beweisen, eine sachlichere Einstellung zur Wirklichkeit und zum eigenen Werk. In seinem Gespräch mit Karl Marilaun von 1921 sieht Kaiser sich als einen Künstler, der auf die Umwelt einwirken will. Sein Werk erscheint hier nicht als selbstisches Mittel, Einsichten zu gewinnen oder sich selbst zu entwickeln, sondern als Aufruf an die Menschen. Und das Theater ist ihm das Mittel, seine Botschaft zu verbreiten: "Nicht verweilen in einem Zustand, nicht verliebt sein in Worte – wirken muss man. Und da ich nicht in Büchern und Wälzern begraben wissen

---

[105]   Brief Georg Kaisers an Blanche Dergan vom Juni 1922 (Abschrift GKA).
[106]   Brief Georg Kaisers an Blanche Dergan vom Juni 1922 (Abschrift GKA).
[107]   Brief Georg Kaisers an Blanche Dergan vom Juli 1922 (Abschrift GKA).
[108]   Brief Georg Kaisers an Blanche Dergan vom 22. April 1924 (Abschrift GKA).
[109]   Brief Georg Kaisers an Blanche Dergan vom Mai 1924 (Abschrift GKA).

will, was ich *Allen* zu sagen habe, griff ich zum Theater. Es ist Plakat, Aufruf, lebendige Wirkung" (IV, 564).

Der Aufsatz "Der kommende Mensch," der ein Jahr später entstand, zeigt, dass Kaiser den Sinn seines Künstlertums jetzt darin sah, die Menschheitsentwicklung auf den "gekonnten Menschen" hin voranzutreiben. Zugleich fand er hier seltene Worte des Verständnisses für den, der noch in einer einseitigen Daseinsform befangen war: "Mit keinem Vorwurf – mit keinem Spott treten wir diesem Menschen gegenüber oder gehen an ihm vorbei. Jeder Mensch ist für uns da – notwendig und unbedingt" (IV, 568). In dem gleichen Aufsatz wurde Kaiser sich bewusst, dass er selbst gegen die hier propagierte Totalität mit seiner einseitig geistigen Lebensform verstiess: "Der Mensch, der nur Dichtung deutet und schreibt, vergreift sich an der Totalität genauso wie der Arbeiter, der nur mit eines Gliedes Druck sein Maschinenteil bewegt" (IV, 570). Er entschuldigt diesen Verstoss allerdings mit der prophetischen Neigung der "Geistigen" (IV, 570). In seiner Antwort auf eine Rundfrage des *Svenska Dagbladet* aus dem Jahr 1926 kommt erneut Kaisers Unbehagen an der Rolle des Nur-Dichters zum Ausdruck. Er behauptete hier, gegen seinen Willen "Berufsschriftsteller" geworden zu sein, und fuhr fort: "Denn es ist doch gar keine *richtige Beschäftigung* für einen grossen, kräftigen Menschen wie ich, ein oder zwei Stücke im Jahr zu schreiben" (IV, 592). Jetzt sah er auch seine frühe Schaffensperiode, in der er sich doch, wie wir wissen, mit grosser Anstrengung zum Dramatiker auszubilden versuchte, so, als sei alles das gegen seinen Willen geschehen: "Ich erhob nachdrücklich Protest gegen die nun entstehende Kontrolle meiner Einfälle, die sich Dichtung nennt" (IV, 605). In seinem "Lebensbericht" von 1930 schrieb er, das dichterische Werk stellte zwar "die Höchstleistung des menschlichen Vermögens dar. Aber es führt auch zur furchtbarsten Vernichtung des Menschen" (IV, 605). Aus diesen und ähnlichen Äusserungen wird klar, dass Kaiser seine einseitige Geistigkeit nicht mehr nur unbewusst erlitt, sondern als seine Tragik erkannte – und letztlich bejahte.

Um 1922 wandte Kaiser sich in seinen Dramen von der abstrakten Ideologie und dem zerrissenen Sprachstil des Expressionismus ab. Mit Komödien, Musicals und Filmen ging er auf die Bedürfnisse des Zeitgeschmacks ein. Auch äusserlich stabilisierte sich sein Leben. Sein Gesundheitszustand besserte sich offenbar ganz erheblich. Er trieb wieder Sport, machte lange Radtouren und Spaziergänge, knüpfte Beziehungen an zu einer Reihe von Schriftstellern, mit denen er sich in Berlin traf und nahm stärkeren Anteil an der politischen Entwicklung in Deutschland. Die Ächtung durch das nationalsozialistische Regime brachte diese Ansätze jedoch zum Ende. Von der Umwelt ausgestossen, zog sich Kaiser erneut – diesmal gezwungen – in die innere Welt seines Künstlertums zurück.

Verzweiflung am Menschen

Es wurde einleitend darauf hingewiesen, dass Georg Kaiser gegen Ende der zwanziger und Anfang der dreissiger Jahre mit Dramen wie *Die Lederköpfe, Die Ächtung des Kriegers* und *Der Silbersee* auf die politische Entwicklung in Deutschland Bezug nahm und vor dem erwachenden Militarismus und Faschismus warnte. In seinem "Lebensbericht am Mikrophon" vom 31. März 1930 klingt seine Besorgnis um die Gegenwart deutlich durch: "Es stimmt nicht: das mit den Schulen – mit den Soldaten – mit den Religionen. Es ist wieder alles im Fluss – man soll es der werdenden Generation mitteilen. Wir Alten sind tiefer verloren als wir ahnen. Die Untergehenden schreien am lautesten – das Gebrüll der Gegenwart dieser Welt ist ungeheuerlich" (IV, 605). In einem Gespräch mit O. K. aus dem gleichen Jahr sprach Kaiser aus, dass er von "den Menschen unserer Welt im allgemeinen keine besonders gute Meinung" (IV, 607) hatte. Welcher Art seine Ansprüche waren, zeigt seine Enttäuschung darüber, dass die Welt nicht ohne Polizei leben kann und die Menschen "nur unter der Fuchtel einer Drohung halbwegs anständig" (IV, 607) bleiben. "Vielleicht ist der Mensch als Einzelindividuum wirklicht gut," so sagt Kaiser hier, "aber in der Geschlossenheit der Masse, als Gesellschaft, als Staat ist er alles eher als das" (IV, 607).

Ein Blick auf die Dramatik beweist, dass Kaiser dem Menschen in der Masse schon immer mit Vorbehalten, wenn nicht mit Verachtung begegnet war. Er hat nie an die Reinheit und Weisheit der Menge geglaubt, im besten Falle lässt sie sich in seinen Dramen von einem überragenden einzelnen vom Verderben abhalten, wie in den *Bürgern von Calais* (1912/13). Nur in dem Stück *Hölle Weg Erde* (1918/19) deutet sich eine Erneuerung aller an, die Kritik hat aber mit Recht darauf hingewiesen, wie unglaubwürdig diese Erneuerung hier ist.[110] In der Regel tendiert die Masse bei Kaiser gerade in die entgegengesetzte Richtung: sie lässt sich in der *Koralle* (1916/17) vom Milliardär ausbeuten, sie lässt sich in *Gas* (1917/18) durch materiellen Anreiz und Leistungsparolen verführen und vom Ingenieur in ihren alten Sklavenzustand zurückführen und trägt in *Gas. Zweiter Teil* (1918/19) schliesslich selbst zu ihrem Untergang mit bei. Die Masse erweist sich der Erneuerung nicht fähig, ja die meisten grossen Erneuerer bei Kaiser scheitern an der Blindheit und Apathie der Menge. Von ihr gehen in seinen Dramen keine Impulse aus, sie ist immer nur Objekt von Personen oder Kräften, die auf sie einwirken. Diese Avitalität der Masse kommt auch in der Bezeichnung des Bürgers in Kaisers Theoretischen Schriften als "Nurverbraucher" (IV, 575) zum Ausdruck, eine Charakterisie-

---

[110] Vgl. Ernst Schürer, *Georg Kaiser und Bertolt Brecht* (Frankfurt/Main, 1971), S. 37; und Horst Künzel, "Die Darstellung des Todes in den Dramen Gerhard Hauptmanns und Georg Kaisers," (Diss. Erlangen, 1962), S. 249.

rung, die an Nietzsches Wort im *Zarathustra* vom "Schmarotzer," als der
geringsten Art des Seienden erinnert.[111]
Auch zum Staat hat Georg Kaiser nie ein positives Verhältnis gehabt. In
seinem Gespräch mit O. K. von 1930 definiert er ihn als eine "zwangsmässige
Notgemeinschaft einer Menschheit, die ohne Zwang von Gesetz und Gummi-
knüttel sich wahrscheinlich gegenseitig auffressen würde" (IV, 608). Was
Kaiser immer wieder zurückweist, ist die anmassende Identifizierung des
Staates mit dem Volk und der Heimat. Die Kulturfeindlichkeit der Obrigkeit,
die Kaiser sein Leben lang durch eine rigoros ausgeübte Zensur zu spüren
bekam, stellte er schon in dem frühen Stück *König Heinrich* (1897/98) und
dann wieder in *Die Sorina* (1909) bloss. Schliesslich wird aber der Staat in
seinen Dramen geradezu zu einem lebensfeindlichen Prinzip, dem die
Verantwortung für Krieg und Zerstörung menschlicher Werte zukommt. In
seinem "Lebensbericht" (1930) gilt Kaiser der Erste Weltkrieg als ein Beweis
für "die Unanständigkeit und den Stumpfsinn der menschlichen Gesellschaft"
(IV, 604), und ganz ähnlich urteilt er in seinem Gespräch mit O. K. In der Tat
macht die Ächtung des Krieges einen bedeutenden Teil in Kaisers Schaffen
aus. Der Krieg ist für ihn der Kulminationspunkt aller lebensfeindlichen Kräfte
in der Gesellschaft, und je weiter man zeitlich in Kaisers Werk voranschreitet,
desto leidenschaftlicher wird sein Angriff gegen Militarismus und Krieg, wird
sein Ruf nach einem pazifistischen Leben.

Aus der Zeit der inneren Emigration, also von 1933 bis 1938, liegen keine
theoretischen Schriften von Kaiser vor. Wir haben schon darauf hingewiesen,
dass der Dichter sich während dieser Zeit ganz in sein Haus in Grünheide bei
Berlin zurückzog und in seinen Dramen jede Auseinandersetzung mit den
politischen Verhältnissen in Deutschland vermied. Von der Erneuerung der
Welt, der Veränderung der Geşellschaft, ist keine Rede, ein Erlösermensch
tritt nicht auf. Was Kaiser dachte, drückt sich in manchen seiner Briefe aus. Er
war vorsichtig genug, auf das nationalsozialistische Regime und das Verbot
seiner Stücke nicht einzugehen. Statt dessen gab er seiner Enttäuschung in
allgemeineren Verdammungsurteilen Ausdruck. An Richard Révy schrieb er
am 18. Juni 1935: "Mens nulla in corpore sano. Dahin ist es gekommen.
Dahin musste es kommen bei dieser widerlichen Überfüllung Europas.
Rattenhafte Vermehrung auf dieser asiatischen Halbinsel. Farblose weisse
Ratten – die europäische Ratte – das ist der Mensch dieser Zeit" (GKA). Ein
Jahr später arbeitete er an einem Roman, der den Titel tragen sollte: "Wenn es
eine Hölle gibt, ist sie auf Erden."[112] Zunächst igelte Kaiser sich in gewohnter
Weise ein. An Fritz Stierdry schrieb er, ihn reize kein Ausflug in die Welt
mehr. "Längst ruht die Welt in mir. Ich werde also Grünheide kaum mehr

---

[111] Friedrich Nietzsche, *Werke in drei Bänden*, Bd. II, S. 455.
[112] Nach Angaben in einem Brief Georg Kaisers an Fritz Stiedry vom 27. August 1936
(GKA).

verlassen. Ich versteige mich immer tiefer ins innere Abenteuer. Was sind die Abenteuer meines Lebens dagegen? Ach – sehr kümmerliche Vorgänge. . . . Ich erlebe mich in ganz ausserordentlicher Weise und führe Protokoll darüber. Das ist meine Kunst."[113] Eine Einladung des Dirigenten, mit ihm nach Griechenland zu fahren, lehnte er ab: "Es darf nichts um mich da sein, das mich stört. Was meine Wüstenstürme und Tropensonnen und Gletscher in mir aus ihren Kurven lenkt."[114]

Doch täuschen diese Äusserungen, die offenbar in produktiven Phasen getan wurden, über die allgemeine Verzweiflung Georg Kaisers während dieser Zeit hinweg. Aufs neue geriet der Dichter zunächst auf Grund fehlender Einnahmen in bitterste Geldnot. Wieder musste er Bittbriefe schreiben, um nicht zu verhungern. Fritz Stiedry bekannte er: "Ich bin mit Wollust einsam – ich besitze die grossartigsten Voraussetzungen zum Schöpfertum. Aber die vollkommenste Armut reisst mir die Knie unterm Leib weg. Der Leib stürzt – ich falle nach. Der Geist ist des Fleisches Glied."[115] Aber es war nicht eigentlich die Armut, die Kaiser das Schaffen schwer machte – Geldnot hatte seiner Schaffensfreude bisher nichts anhaben können. Vielmehr war es die Einsamkeit, an der er litt, ein Alleinsein, das nicht selbst gewählt und nach Belieben rückgängig zu machen war. Kaisers Isolierung in Grünheide war eben nicht mehr die arrogante Haltung dessen, der sich der übrigen Menschheit voraus weiss, sondern erlittenes Ausgestossensein, das ihn mit unfruchtbarer Vereinsamung bedrohte. "Ich beginne, die Lust an allem zu verlieren," klagte er. "Ich und meine Gedanken – wir finden uns nicht mehr. Das ist wohl der höchste Grad von Vereinsamung – der tiefste Sturz in die Einsamkeit."[116] Er sehnte sich bald danach, aus Grünheide auszubrechen, dachte immer wieder an Emigration, doch zögerte er, seine Familie zu verlassen, auch fehlte ihm das Reisegeld und jede finanzielle Grundlage für ein Leben im Ausland.

1934 bemühten sich Gustav Gründgens und Heinz Hilpert, Kaisers neuestes Stück *Das Los des Ossian Balvesen* zur Aufführung zu bringen, sie scheiterten jedoch an den Behörden. Auch der Plan einer anonymen Aufführung scheiterte. Kaiser tat sich dann mit Richard Révy zusammen, um Filme zu produzieren. "Da man vom Theater für lange Zeit Abschied nehmen muss, ist dieser Weg in den Film sowieso gewiesen," schrieb er an den Freund.[117] Vor allem musste er im Ausland Verbindungen suchen. Er wandte sich mit Filmplänen an den bereits in die Schweiz geflohenen Bernhard Diebold und an Hugo F. Königsgarten in London, liess sie seine Stücke in Filmexposés umarbeiten und bat um die Vermittlung von ausländischen Bühnenvertrieben.

---

[113] Brief vom 7. Juli 1936 (GKA).
[114] Brief an Fritz Stiedry vom 23. Juli 1936 (GKA).
[115] Brief an Fritz Stiedry vom 15. Februar 1937 (GKA).
[116] Brief an Richard Révy von 1935 (GKA).
[117] Brief vom 19. Mai 1935 (GKA).

Er träumte bald von grossen Einnahmen, aber auch ein neuerlicher Reichtum hätte ihn wohl mit der Gegenwart kaum versöhnt. An Richard Révy schrieb er: "Nicht um ein Wohlleben zu führen, will ich reich sein – um allein sein zu können, will ich es. Ich will mir die Menschen vom Leibe halten – nichts weiter und damit alles. Denn Höheres, Reineres gibt es nicht – als die Entfernung von Menschen."[118] Ähnlich bemerkte er noch kurz vor seiner Flucht zu Königsgarten: "Man muss anfangen, wo Plato aufgehört hat. Zuletzt schreibt er in den Gesetzen: 'Die menschlichen Dinge sind es nicht wert, dass man sich ernsthaft mit ihnen beschäftigt.' Solchen Satz muss man ausgraben und in sich aufstellen"[119]

Schon 1935 vertraute Kaiser Richard Révy an, er wolle in die Schweiz reisen, "um das grosse Werk, das in mir wächst, zu vollenden – mich zu vollenden."[120] Mit Diebold, Cäsar von Arx, Julius Marx und Alma Révy in der Schweiz nahm er in den nächsten Jahren Verbindung auf und erhielt auch Einladungen. Erst eine drohende Haussuchung im Sommer 1938 aber veranlasste Kaiser, sich endgültig loszureissen. Für die Zeit der Emigration, jedenfalls für die Jahre von 1941 bis 1945 liegen uns neben den Briefen Kaisers die Tagebuchaufzeichnungen von Julius Marx vor. Mit leidenschaftlicher Schärfe greift Kaiser in den Gesprächen mit seinem Freund die politischen Verhältnisse in Deutschland, das nationalsozialistische Regime, Faschismus und Militarismus an. Die "Schlotbarone und Krautjunker, der Offiziersklüngel und die einflussreichen klerikalen Kreise" (IV, 612), waren nach seiner Meinung die Steigbügelhalter der Nationalsozialisten. Sie waren mitverantwortlich dafür, dass Deutschland zu einer "cloaca maxima" (IV, 613) wurde. Aber auch über die deutschen Staatsgrenzen hinaus erblickte Kaiser keine Hoffnung; den USA warf er vor, den deutschen Faschismus nicht schon in den Anfängen erstickt zu haben, und vom Papst erwartete er vergeblich, dass er sich "mit all seinen Würden bekleidet" nach Berlin begab, "um im Namen Gottes, des Gerechten, Hitler vor aller Welt zur Rechenschaft zu ziehen" (IV, 617). Militarismus und Nationalismus erscheinen als Grundübel der Zeit. Ähnlich wie in seinem Dialog *Die Ächtung des Kriegers* von 1929 erklärte Kaiser im März 1943, nicht nur den Krieg gelte es zu ächten, sondern den Krieger, den Soldaten. Solange es Armeen gebe, werde es Kriege geben (IV, 615). Das andere "Elementarübel" (IV, 614), der Nationalismus, war nach Meinung Kaisers getragen von Dummheit und führte zur physischen und moralischen Vernichtung des Menschen.

Wie der Dramatiker hier versuchte, dem politischen Übel seiner Zeit auf den Grund zu gehen, so sind die Lösungen, die er sah, im grossen und ganzen auch

---

[118] Brief an Richard Révy von 1935 (GKA).
[119] Brief an Hugo F. Königsgarten von 1938 (GKA).
[120] Brief vom 19. Mai 1935 (GKA).

politischer, vornehmlich sozialistischer Natur. Julius Marx beobachtete, dass
Kaiser politisch "immer entschiedener zum Kommunismus tendiert."[121] Der
Dichter pries die Russische Revolution als eines der grossen hoffnungsvollen
Ereignisse der Geschichte und sprach von gesellschaftlichen statt individuellen
Lösungen. Nur allzu deutlich ist aber auf der anderen Seite, wie wenig er sich
in die sozialistische Ideenwelt hineinzudenken vermochte. So sagte er am
17. März 1941 zu Julius Marx: "Platons Staatsideen müssen modernisiert
angewandt werden. Auch Büchners Erfahrungen mit den Staatsorganen
werden auszuwerten sein. Das moderne Staatswesen muss humanistisch-
materialistisch fundiert sein. Der Sozialismus ist dann nichts als eine
selbstverständliche Konsequenz" (IV, 613). Oft aber in diesen Jahren sah
Kaiser die Möglichkeit zu solchen oder ähnlichen gesellschaftlichen Reformen
schon gar nicht mehr gegeben. Die Menschheit erschien ihm dann einfach nur
noch als "eine bestialische Horde" (IV, 614), die einer Erneuerung nicht mehr
fähig, aber auch nicht mehr wert war. "Der Mensch hat die Welt verseucht"
(IV, 624), so äusserte er am 13. März 1945 und empfahl eine generelle
"Hygiene" (IV, 624), nachdem er den Untergang der Menschheit schon 1941
als "wünschenswert" bezeichnet hatte, "damit wenigstens das Tierreich
überlebt" (IV, 614). Diese Verbitterung bricht auch in den Aphorismen, die
während der Emigration entstanden, immer wieder durch: "Man kann den
Menschen nicht ändern. Man kann in nur fürchten und ihm in der Vernichtung
zuvorkommen" (IV, 630). So hatte Kaiser in dieser Zeit den Glauben an den
Menschen, seine Erneuerungsfähigkeit und Höherentwicklung zeitweilig völlig
verloren: "Die minderwertige Menge muss ausgerottet werden" (IV, 635).
     Die Verurteilung der politischen Situation der Gegenwart, die negative
Bewertung der Menschen und der pessimistische Ausblick in die Zukunft, wie
er in diesen Gesprächen zum Ausdruck kommt, bildet auch weitgehend die
Thematik des literarischen Werkes in dieser Periode. Während Kaiser in
Erzählungen, wie *Weizen ins Meer* (1938), *Ein Arbeitsloser* (1938) und *Nach
einem verlorenen Krieg* (1941) die politischen und sozialen Fragen im Sinne
des Marxismus behandelt, stellen seine pazifistischen Dramen *Der Soldat
Tanaka* (1940), *Die Spieldose* (1942) und *Zweimal Amphitrion* (1943) seinen
Protest gegen den Militarismus leidenschaftlich dar. Mit den Stücken *Klawitter*
(1939/40) und *Der englische Sender* (1941) versuchte sich Kaiser schliesslich
darin, ein realistisches Bild des faschistischen Deutschland zu geben. In
keinem Drama aber ist die Anklage so eindringlich und der Blick in die
Zukunft so pessimistisch wie in dem *Floss der Medusa* (1940/43), wo sich
schon an den Kindern die Unwandelbarkeit des "alten Menschen" darstellt.
Dann aber vollzog der Dichter mit den "Griechischen Dramen" eine Wendung
ins Religiöse, die sich in seinen theoretischen Äusserungen nicht findet. Kaiser

---

[121]   Julius Marx, *Georg Kaiser, ich und die anderen*, S. 114.

greift hier das Thema der Erneuerung des Menschen wieder auf, noch einmal, in *Zweimal Amphtrion,* erhofft eine Frau die Geburt des "neuen Menschen." Die Tatsache aber, dass diese Erneuerung, der "neue Mensch," nur mit Hilfe göttlicher Gnade möglich wird, bestätigt alle jene Äusserungen in den Theoretischen Schriften, die die Erneuerungsfähigkeit des Menschen aus sich selbst heraus bezweifeln.

Neben dieser pessimistischen Beurteilung der Menschheit war es das persönliche Leid, die Trennung von der Familie, die finanzielle Not, die Abhängigkeit von der Unterstützung durch andere wie die ständigen Demütigungen durch die Schweizer Behörden, die Kaiser das Leben zur "Hölle" (IV, 617) machten. Während ihm die Ruhe in den Schweizer Bergen, der äussere Abstand von den politischen Wirren in Deutschland einerseits wohltaten, quälte ihn andererseits das Gefühl, abgeschoben und vergessen zu sein. "Bisher hat mich die Einsamkeit noch nicht vernichtet – ich wohne in meinem Werk und nicht bei Menschen. Aber ohne Menschen ist das Haus kalt. Man friert nicht gern noch in der Einsamkeit," schrieb er 1939 an seine Tochter Sibylle.[122] Er schämte sich, wieder Bittbriefe schreiben zu müssen, bemühte sich um einen Mäzen, der ihm eine regelmässige Unterstützung garantieren würde, bat Freunde um Einladungen, Geld, Lebensmittel und Kleidung. Und diese Bemühungen zwangen ihm oft den Kontakt mit Menschen auf, die ihn nicht im geringsten interessierten. "Immer bei fremden Leuten – fremd in jedem Sinne," klagte er in einem Brief an Julius Marx.[123] Anfangs hegte Kaiser durchaus die Absicht, seine Familie in die Schweiz nachzuholen. Mehrfach auch traf er Vorbereitungen für Besuche seiner Frau und seiner Tochter, schob aber diese Pläne dann immer wieder hinaus. Ab 1940 auch war er fest entschlossen, in die USA auszureisen. Die Beschaffung des Visums zog sich jedoch hin und wurde schliesslich unmöglich, als das amerikanische Konsulat in Zürich Unterlagen aus Deutschland verlangte, die Kaiser, um seine Familie nicht zu gefährden, nicht anzufordern wagte.   Spontan reagierte der Dichter auf jede Möglichkeit, durch Veröffentlichungen, Aufführungen und Filmverträge Geld zu machen – und zwar ohne Rücksicht auf bestehende Verpflichtungen. Das führte zu ständigen Auseinandersetzungen mit Verlegern und Agenten, zu Streitereien um Vorschüsse, Nachzahlungen und Rechte und schuf ein heilloses Durcheinander von vertraglichen Bindungen, die Kaiser selbst nicht mehr durchschaute. Das ständige Hin- und Herreisen verstärkte die Hektik dieser Jahre. Es war nicht nur bedingt durch befristete Aufenthaltsgenehmigungen in den einzelnen Kantonen, sondern auch durch die Kürze verschiedener Einladungen und durch entstehende Animositäten mit Gastgebern. Sobald seine Finanzlage es erlaubte, lebte er in Hotels und Pensionen.

---

[122] Brief vom 17. März 1939 (GKA).
[123] Brief vom 3. August 1942 (GKA).

Was er erübrigen konnte, schickte er an seine Familie in Deutschland. Alle diese widrigen Umstände erzeugten in dem Dichter oft eine tiefe Niederge-schlagenheit. "Wir leben unter Menschen — und das heisst: im Kot von Tieren. Es gibt kein Entrinnen," heisst es in einem seiner Briefe an Julius Marx.[124] An seine Tochter Sibylle schrieb er am 14. November 1943: "Wenn ich einmal diese Epoche meines Lebens schildere, so wird eins der bittersten Bücher geschrieben sein. Es wird wie Dichtung inmitten weniger Wahrheit klingen — aber es ist nur Wahrheit" (GKA). Ständig trug er sich in diesen Jahren mit Selbstmordabsichten. Verzweiflung und Mutlosigkeit klingt aus vielen Ge-sprächen mit seinem Freund Julius Marx. "Ich habe die feste Absicht, mit dem Leben Schluss zu machen," (IV, 623) sagte er zu diesem im März 1945. Das Ende des Krieges werde ihm "keinerlei Chancen" eröffnen (IV, 623), Deutschland werde als Trümmerhaufen übrig bleiben. "Auf einem Trümmer-haufen kann man keine Stücke spielen. Mein finanzieller Ruin ist damit besiegelt" (IV, 623).

Sein als Demütigung empfundenes Schicksal geriet Kaiser wie früher schon zum Maßstab für die Verkommenheit des Menschen allgemein. Er hatte schon immer die Meinung vertreten, dass ihm auf Grund seines Werkes eine finazielle Entschädigung zukomme, die ihm jene wirtschaftliche Unabhängigkeit garan-tieren würde, wie er sie zum Arbeiten brauchte. Schon während seiner finanziellen Bedrängnis 1919 betrachtete er sich von der Menschheit schäbig behandelt. Jetzt klagte er in einem Brief an Julius Marx: "Europa ist verloren — für uns verloren. Ich schrieb *Die Bürger von Calais.* Die Wirkung? Ich musste in die Fremde ziehen."[125] Das Leid, das den Helden seiner Exil-Dramen widerfährt, ist durchaus dem Gefühl des ihm selbst zugefügten Unrechts nachempfunden. Und in diesem Bewusstsein, dass ihm Unrecht geschehen sei, hob Kaiser sich als Künstler erbittert von der übrigen Menschheit ab: "Ich habe geradezu einen Ekel davor, auch nur noch ein einziges Wort aufzu-schreiben," äusserte er gegen Ende des Krieges. "Für wen denn? Für dieses Lumpenpack von Menschen? " (IV, 624). Waren frühere Zweifel an dem Wert seines Schaffens in seinem eigenen inneren Konflikt zwischen Kunst und Leben begründet, so entsprangen sie jetzt aus dem Gefühl der Sinnlosigkeit, sich mit Aufrufen zur Erneuerung an eine Menschheit zu wenden, die allem Anschein nach dazu weder bereit noch in der Lage war. Charakteristisch ist Kaisers Äusserung vom 16. Februar 1941, wo er zu seinem Freund Marx sagte: "Die Menschheit bedarf einer rigorosen Hygiene durch Vernunft. Doch wir sind alle nicht konsequent genug. Ich müsste ja eigentlich bei mir selbst anfangen, müsste mich selbst liquidieren, die Welt von mir befreien, weil ich zu nichts anderem fähig war und bin, als Kunst zu produzieren, anstatt

---

[124] Brief vom 7. Dezember 1940 (GKA).
[125] Brief an Julius Marx von 1940 (GKA).

Vernunfts-Chemikalien gegen die faschistische Pest zu erfinden."[126] Vier Wochen später dann versicherte er, er werde nie wieder ein Stück produzieren, "weil die Kunst zwangsläufig eine Sklavin der herrschenden Klasse ist" (IV, 611). Er machte diese Drohung jedoch nicht wahr und die Dramen der letzten Lebensjahre zeigen, dass er die Hoffnung auf den "neuen Menschen" nicht aufgab.

Dieser Widerspruch erklärt sich aus der Tatsache, dass Kaisers Kunstauffassung unauflöslich mit dem Ziel der Erneuerung des Menschen und der Welt verknüpft war. Wenn er nicht gänzlich zu schreiben aufhören wollte, konnte er deshalb die Gestaltung der Anklage oder der Hoffnung auf eine bessere Zukunft nicht aufgeben. Es gab Augenblicke, in denen die äusseren Belastungen die Schaffenskraft zum Erlöschen zu bringen drohten. "Man kann auch nicht mit solchen Sorgen, wie sie mich heimsuchen, grosse Werke schaffen," schrieb Kaiser an Julius Marx.[127] Wie bereits früher jedoch brachen auch jetzt trotz – oder vielleicht sogar wegen – der widrigen Umstände neue Werke aus ihm hervor. "Ich wandle in der Feuerwolke der Eingebung," notierte er.[128] In einem Brief an Frida Haller heisst es: "Ich möchte zehn Köpfe und 20 Hände und 200 Finger haben, um alles aufzuschreiben, was ich in meiner grossartigen überfüllten sausenden singenden klingenden Einsamkeit höre und sehe – in greifbarer Gestalt."[129] Ähnlich wie früher aber empfand er auch jetzt, wie diese Werke an seinen Lebenskräften zehrten. Als er sein Drama "Die grosse Kreuzigung"[130] zu Papier gebracht hatte, schrieb er an Frida Haller: "Ich bin ausgelöscht – ich versank hinter dem grossen Schatten der Gestalt, die ich schuf. Solches Schaffen ist Fluch und Segen zugleich."[131] Der Segen dieses neuen Schaffens bestand darin, dass es Kaiser mit neuem Lebensmut erfüllte. Er schrieb am 14. Mai 1943 an Julius Marx: "Durch keine Nöte lasse ich mich verblüffen: Mir ist ein neuer, herrlicher Amphitrion aufgegangen. Ich will Molière und Kleist übertreffen. Das will ich" (GKA). So finden sich neben Äusserungen von Zweifel und Resignation andere, in denen sich die Überzeugung von dem überragenden Wert seines Werkes und der eigenen Grösse ausdrückt. "Im Grunde genommen lebe ich bereits in der Ewigkeit; denn mein Werk ist unsterblich" (IV, 617), so sagte er 1942 zu Julius Marx. Er war stolz auf das Buch, das Diebold über ihn geschrieben hatte, und die Dramen, die jetzt entstanden, erfüllten ihn mit Genugtuung. "Ich bin der festen Überzeugung – und diese Überzeugung wird von reifen

---

[126] Julius Marx, *Georg Kaiser, ich und die anderen*, S. 81.
[127] Brief an Julius Marx vom Juni 1942 (GKA).
[128] Zitiert nach W. Huder, "Jede Spur ist siebenfach ein Siegel: Die späte Lyrik Georg Kaisers," *Akzente*, 9 (1962), 133.
[129] Undatierter Brief Georg Kaisers aus St. Moritz (GKA).
[130] Das Stück ist verschollen.
[131] Brief vom 19. Juli 1943 (GKA).

Geistern geteilt — dass mein Napoleonwerk von umwälzender Wirkung und unbegrenzter Dauer sein wird," schrieb er an Frida Haller.[132] Der *Klawitter,* von der Kritik heute als eines der schwächsten Stücke des Dramatikers angesehen, hat Kaiser damals "technisch und sittlich befriedigt" wie keins seiner anderen Dramen,[133] seinen *Tanaka* hielt er für besser als Büchners *Woyzeck.*[134] Sein *Floss der Medusa* bezeichnete er als eine "einzigartige Erscheinung in der Weltliteratur,"[135] und als ähnlich grosse Leistungen befriedigten ihn *Pygmalion* (1943/44) und *Bellerophon* (1944).

Diese Werke haben in Kaiser so zuletzt den Glauben an die eigene Grösse bestärkt. "An Charakter und Können kommt mir kaum einer gleich. Daran ist nicht zu rütteln. Wer es wagt, stürzt sich selbst dabei zu Tode. Oder macht sich unsterblich lächerlich," schrieb er an Julius Marx.[136] Der Dichter verschob im Mai 1942 eine Reise nach Montana, weil er sich bei Freunden in Männedorf, die ihn als Genie verehrten, zu wohl fühlte. "Man hat einen Menschen erlebt," so schreibt er selbst, "der alles überragt, was in diesem Haus sich bis jetzt bewegte."[137] 1945 rechnete er damit, nach dem Kriege als erster Deutscher den Nobelpreis zu erhalten. Gerade in seiner eigenen Grösse fand Kaiser nun aber zusätzlich eine Erklärung für die fehlende Würdigung durch die Mitwelt. So schrieb er im Dezember 1944 an Cäsar von Arx: "Weil mein Werk über diese Zeit in eine weite Zukunft hinausgreift, muss es von der Zeit missachtet werden. Wir stehen zu nahe am Denkmal und erkennen nur den Sockel. Nicht meine Gestalt, die den Sockel krönt: Und an den Ecken des Sockels nässen die Hunde."[138] Diese Höhe und Überlegenheit, die Kaiser sich selbst zumass, kommt auch in seiner Neigung zum Ausdruck, sich als Richter über die Menschheit zu stellen. Über sein Stück *Das Floss der Medusa* schrieb er an seinen Freund: "Cäsar, ich habe der Menschheit auf den nackten Nabel gesehen — ich will aufschreiben, was ich sah. Das ist mein Mut und mein Fluch."[139] Häufiger aber geht er über die blosse Feststellung der Verderbtheit

---

[132] Undatierter Brief an Frida Haller (GKA). Die zitierte Briefstelle bezieht sich auf Kaisers Stück *Napoleon in New Orleans* (1937/41), das Frida Haller ins Englische übersetzte.

[133] Brief Georg Kaisers an Cäsar von Arx vom 22. Mai 1940, zitiert nach A. Arnold, "Georg Kaiser in der Schweiz," S. 522.

[134] Vgl. Brief Georg Kaisers an Cäsar von Arx vom 10. Dezember 1939, angeführt bei R. Adolph, "Georg Kaisers letzte Jahre," S. 381.

[135] Brief an Julius Marx vom 5. Mai 1943 (GKA).

[136] Brief an Julius Marx von 1942 (GKA).

[137] Brief Georg Kaisers an Cäsar von Arx vom Mai 1942, zitiert nach A. Arnold, op.cit., S. 527.

[138] Brief Georg Kaisers an Cäsar von Arx vom 19. Dezember 1944, zitiert nach R. Adolph, op.cit., S. 382.

[139] Brief Georg Kaisers an Cäsar von Arx vom 17. Januar 1943, zitiert nach R. Adolph, op.cit., S. 383.

der Menschen zum Urteil und zur Verurteilung weiter. So sah er dieses Drama in einem anderen Brief als eine "Verurteilung der Welt der Erwachsenen, die solche Schandtaten vollbringen."[140] Der *Tanaka* war ihm Anklage gegen die politischen Verhältnisse in Deutschland. "Gegen alles, was heute geschieht, was gegenwärtig bewundert und verzärtelt wird. Gegen die uniformierte Feigheit – gegen den Absturz in die Soldaterei."[141] In einem Brief vom 19. Juni 1940 erinnert Kaiser Cäsar von Arx daran, dass Gogol mit seinem *Revisor* über seine Zeit gerichtet habe und fährt fort: "Richter bin auch ich. Ich wäre glücklich, wenn Sie an meinem Richteramt teilnähmen."[142] Ganz in diesem Sinne glaubte er, mit seinem *Klawitter* das "Weltgericht" vollzogen zu haben: "Ich vollziehe – alle anderen haben versagt."[143]

Dieses Bedürfnis Kaisers, der Welt das vernichtende Urteil zu sprechen, erinnert an den Milliardärsarbeiter in seinem *Gas. Zweiter Teil,* der sich, als er die Unverbesserlichkeit der Menschen einsieht, zum Richter der Menschheit aufwirft, sie verurteilt und mit der Giftgaskugel vernichtet. Seinen *Tanaka* sah Kaiser als eine "Abrechnung, . . . vor der alles verblasst."[144] Im März 1943 schrieb er an Cäsar von Arx: "Neulich hatte ich bei Celerina eine Begegnung mit dem lieben Gott. Er gab mir einen merkwürdigen Auftrag: ich solle den Menschen mitteilen, dass er gar nicht daran denke, sich noch weiter mit ihnen zu beschäftigen. Er habe genug damit zu tun, die Wunden seines Sohnes, die am Kreuz geschlagen, zur Heilung zu bringen." Er entwirft dann den Plan für ein Drama, das dieses Verdammungsurteil zur Darstellung bringen sollte. Darin geben Gott und Maria der Menschheit noch einmal die Chance, durch gute Taten die Wunden Christi zu heilen. Aber die Menschen finden sich dazu nicht bereit, und Gott muss sich entschliessen, seinem Sohn künstliche Glieder anfertigen zu lassen:

Es ist erschütternd, wie Jesus, der mit den durchnagelten Füssen nicht gehen kann, im Rollstuhl in die Hotelhalle gefahren wird. Seine Hände stecken in weissen Handschuhen, er kann nichts anfassen. Doch mit den Prothesen verlässt er am Ende gehend und greifen könnend das Hotel – in dem eine rettungslos verlorene Menschheit zurückbleibt – eine Menschheit, die auch nicht gerettet zu werden verdient. Und Gott und Gattin Maria und

---

[140] Brief Georg Kaisers an Cäsar von Arx vom 28. September 1940, zitiert nach R. Adolph, op.cit., S. 383.
[141] Undatierter Brief an Cäsar von Arx, zitiert nach Edith Lach, "Die Quellen zu Georg Kaisers Stücken," S. 283.
[142] Brief Georg Kaisers an Cäsar von Arx vom 19. Juni 1940, zitiert nach R. Adolph, "Georg Kaisers Exilschaffen," *Die Quelle,* 2 (1948), 58.
[143] Brief Georg Kaisers an Cäsar von Arx vom 22. Mai 1940, zitiert nach A. Arnold, op.cit., S. 522.
[144] Brief Georg Kaisers an Cäsar von Arx vom 7. November 1940, zitiert nach R. Adolph, "Georg Kaisers letzte Jahre," S. 383.

Sohn Jesus kehren in ihren Paradiespark zurück und leben zu dritt ein Dasein der glückvollen Menschenferne.[145]

Gab Kaiser die Menschheit auf diese Weise einerseits endgültig für verloren, und machen diese Äusserungen einerseits den Eindruck, der Dramatiker wolle mit seinen Werken den Niedergang der Welt feststellen und sein Urteil sprechen – was nach seiner Kunstauffassung praktisch die Kapitulation der Kunst vor den Verhältnissen bedeutete – so gibt es andere Äusserungen dieser Zeit, aus denen der Mut und die Entschlossenheit sprechen, mit seinem Werk die Wirklichkeit zu verändern und die Hoffnung, dass die Kunst die Wirklichkeit überwinden werde. Schon in einem Brief vom 15. September 1938 an Cäsar von Arx hatte Kaiser geschrieben, er möchte "eine Sturmflut sein, die den ganzen stinkenden Schlamm dieser faulen Gegenwart wegschwemmt."[146] Und ein Jahr später schrieb er über seinen Plan zum *Tanaka:* "Jetzt heisst es die Fackel anzünden, die der Soldat Tanaka über die Welt hinschwingt. Vielleicht brennt sie den Krieg aus wie eine eitrige Wunde. Vielleicht? Bestimmt. Aber wir müssen uns aufraffen – wir müssen uns eilen. Wir müssen Mittel und Stille finden, wo wir uns zusammenfinden – wir Verschwörer der höheren Ansprüche und Verächter der billigen Lebensformen."[147] Mit seinem *Klawitter* glaubte er den "Meissel" an den "Schandturm" gelegt zu haben, indem er die "Klawitterwelt" entlarvte.[148] Nach der Fertigstellung dieses Stückes war er entschlossen, auch den *Englischen Sender* zu schreiben: "Die mir innewohnende Tapferkeit und mein Wille zum Recht beauftragen mich mit solchen Werken. Sonst würden sie mir ja nicht einfallen. Die militärischen Siege der unmoralischen Faschisten müssen entwertet werden: durch die Moral der Kunst. Mit ihren Waffen vernichten wir ihre Erfolge des Augenblicks durch unsere Erfolge der Unvergänglichkeit."[149]

Solche eher positive Sichtweise drückt sich auch in anderen Äusserungen aus, in denen Kaiser doch auch für sich persönlich noch hoffnungsvoll in die Zukunft sieht und Pläne entwirft. So berichtet Marx in seinem Tagebuch unter dem 17. März 1941: "Obwohl er des öfteren behauptet hatte, er werde den Krieg nicht überleben, entwarf er ein geradezu kapitalistisches Bild seiner

---

[145] Brief Georg Kaisers an Cäsar von Arx vom 13. März 1943, zitiert nach Anna M. Elbe, "Technische und soziale Probleme in der Dramenstruktur Georg Kaisers," (Diss. Köln, 1959), S. 227.
[146] Brief Georg Kaisers an Cäsar von Arx vom 15. September 1938, zitiert nach A. Arnold, op.cit., S. 517.
[147] Brief Georg Kaisers an Cäsar von Arx vom 10. Dezember 1939, zitiert nach R. Adolph, "Georg Kaisers letzte Jahre," S. 381.
[148] Brief Georg Kaisers an Cäsar von Arx vom 22. Mai 1940, zitiert nach A. Arnold, op.cit., S. 521–523.
[149] Brief Georg Kaisers an Cäsar von Arx vom 19. Juni 1940, zitiert nach A. Arnold, op.cit., S. 532.

Zukunft. Er sei überzeugt, dass ihm die Neuauflagen seiner Bücher Millionen einbringen werden. Seine momentane Produktion sei zwar zeitgebunden. Was er jedoch in den zwanziger Jahren und unmittelbar danach geschrieben habe, könne mit einer sicheren Kapitalanlage verglichen werden, die zunehmend hohe Zinsen abwirft. Er habe fest vor, in der Nähe Wiens oder in Süddeutschland ein grosses Gut zu erwerben, um den Rest des Lebens auf dem Lande verbringen zu können."[150] Voll Schwung und Zuversicht sprach Kaiser am 19. August 1943 zu Marx über seinen Plan für eine Verlagsgründung nach dem Kriege. Er bezeichnete dieses Vorhaben als "nationale Aufgabe" (IV, 620) und sah sich und Bertolt Brecht als die beiden "Hauptsäulen" des Unternehmens. Auch trug er sich, wie Julius Marx berichtet, noch 1945 mit dem Gedanken, "eine literarische Zeitschrift mit politischem Engagement zu gründen."[151] Alfred Neumann hatte er bereits für diesen Plan gewonnen, an Brecht hatte er geschrieben. Die von Emigranten getragene Zeitschrift sollte, so wollte es Kaiser, "dem literarischen Neubeginn in Deutschland dienen. Ihr Programm soll junge, antifaschistische Autoren sammeln, ehe erneut reaktionäre Kräfte ihren verhängnisvollen Magnetismus im Sinne einer Dolchstosslegende anwenden können."[152]

Die Einschätzung der Wirklichkeit wie seiner eigenen Verhältnisse, die Bewertung auch der Kunst und ihrer Möglichkeiten, auf die Realität einzuwirken, sind also auch in der Exilzeit von ähnlich starken Gefühlsschwankungen abhängig wie sie schon früher an dem Dichter zu beobachten waren. Rückblickend erweist sich, dass das Künstlerbild in den Theoretischen Schriften in der Künstlernatur Georg Kaisers selbst gründet und wie sehr die Heterogenität der Vorstellungen vom Künstler auf die innere Zerrissenheit dieses Dichters zurückzuführen ist. Da ist der Künstler aktivistischer Täter für die Menschheit, da ist er weltabgewandter Denker; da verwirklicht er in sich selbst die propagierte Totalität des Menschen, da ist er zur Einseitigkeit im Geiste verdammt; da folgt ihm die Menge in seine Vision von der Erneuerung, da erscheint Kunst als kraftloser Ästhetizismus: alle diese Gegensätze sind Perspektiven aus der Widersprüchlichkeit im Wesen dieses Dramatikers, der Gegensätzlichkeit seiner Neigungen wie der von Stimmungen abhängigen, ständig wechselnden Bewertung seines Werkes und seiner selbst.

So finden sich in Kaisers Bewertung des eigenen Künstlertums jener entscheidende Widerspruch von Geist und Leben, von der Konzentration auf die dichterische Produktion und Hinwendung an das Leben und die Mitmenschen und alle damit verbundenen Aspekte, die wir an der Darstellung

[150] Julius Marx, *Georg Kaiser, ich und die anderen,* S. 90.
[151] J. Marx, op.cit., S. 154.
[152] J. Marx, op.cit., S. 154/55.

des Künstlers allgemein in den Theoretischen Schriften feststellen konnten,
wieder. Wie er es an dem Bild des Dichters allgemein beschrieben hatte, betont
Kaiser auf der einen Seite gerne seine Distanz zur Wirklichkeit: er sieht sich als
Medium jener dämonischen Kraft der Vision, die in seinem Werk Gestalt
gewinnt, er sieht sein Leben als Dienst an der Idee, sein Werk als Möglichkeit
der Erkenntnis. In diesem Sinne schafft er nur für sich selbst und nicht für die
Gesellschaft, deren Unverbesserlichkeit seine Konzentration auf sich selbst
und seine Arbeit im Geiste noch verstärkt. Im Gegensatz dazu findet sich
ebenfalls wie an dem Bild des Künstlers allgemein auch in Kaisers Selbstauf-
fassung jene Hinwendung an das Leben und die Gesellschaft. Er sieht die
Gefahr der Einseitigkeit an sich und versucht, aus dem Bereich der
Abstraktion in das vitale Leben zu entkommen. Er bekennt sich zur Vision
der Erneuerung und sieht in seinem Werk den Versuch, auf die Mitwelt zu
wirken. Kaisers gelegentlicher Zweifel am Sinn seiner Arbeit bestätigt jene im
Exil geäusserte Auffassung der Kunst als "ästhetisierende Verlogenheit,"[153]
die den Blick auf die Wirklichkeit und die Notwendigkeit ihrer Veränderung
eher verstellt, auf die wir im Zusammenhang der Theoretischen Schriften
hingewiesen haben. Das Festhalten am Konzept des "neuen Menschen"
andererseits entspricht jener anderen Überzeugung Georg Kaisers über das
Wesen der Kunst, ihrer Überlegenheit über die Wirklichkeit. Unabhängig von
diesem Widerspruch sieht Kaiser wie im Künstler allgemein, so auch in sich
selbst gerne den vitalen oder geistigen Riesen, den Seher und Künder, der den
Menschen den Weg in die Vollkommenheit weist und daher eine in der
Mitwelt hervorragende Stellung beanspruchen kann.

Die Widersprüchlichkeit im Denken dieses Dramatikers ist in der Forschung
häufig hervorgehoben, ja als der eigentliche Grundzug in seinem Wesen
gesehen worden. "Der Dichter war eine zutiefst zwiespältige Natur; er konnte
nur antithetisch denken und leben," schreibt Wolfgang Fix.[154] Diebold sah
Kaisers Leben als ein seltsames Schweben "zwischen wirklichem und
erdachtem Sein."[155] Schütz geht noch einen Schritt weiter und sieht sowohl
im Werk als auch in der Persönlichkeit Kaisers deutliche "Anzeichen für
Schizophrenie."[156] Ähnlich spricht auch Schürer von einer "certain schizo-
phrenia" bei dem Dramatiker,[157] womit er jenen Widerspruch zwischen
Kaisers Subjektivismus und dem Wunsch zu wirken, zwischen seinem
Selbstverständnis als kreativem Künstler und einer sozial und politisch
engagierten Persönlichkeit meint. Man darf aber Kaisers Hinwendung zu den
Mitmenschen und seine Beschäftigung mit politischen und sozialen Fragen

153 J. Marx, op.cit., S. 80.
154 W. Fix, "Die Ironie im Drama Georg Kaisers," S. 25.
155 B. Diebold, *Der Denkspieler Georg Kaiser,* S. 32.
156 A. M. Schütz, "Georg Kaisers Nachlass," S. 108.
157 Ernst Schürer, *Georg Kaiser,* S. 215.

nicht überschätzen. Wir neigen eher zu Paulsens Ansicht, dass Kaiser zwar zuweilen "die Befreiung von der Ichhaftigkeit" versuchte und eine objektivere Weltschau anstrebte, dass ihm jedoch beides nie recht gelang.[158] Während seiner Untersuchungshaft zum Beispiel schien Kaiser entschlossen, seine Einseitigkeit, seinen Subjektivismus aufzugeben; aber schon den Richtern gegenüber berief er sich dann auf die Grösse seines Geistes, dem das Leben sogar der Angehörigen gleichgültig sein müsse (IV, 563).

Wie selbstbezogen und abstrakt die "zutiefst humanitäre Gesinnung," die Makus bei Kaiser sehen will,[159] tatsächlich ist, zeigt sich gerade da, wo er sich mit der Mitwelt auseinandersetzt. Dort wo er das Leid beklagt, das ihm angetan wurde, setzte er sich mit ganz konkreten Vorfällen auseinander – wie er auch bei der Zeichnung negativer Züge der Wirklichkeit in seinen Dramen sehr präzise sein konnte. Die Hinwendung Kaisers zu den Mitmenschen dagegen ist aber im allgemeinen eine ebenso abstrakte Form der Liebe wie die seines Sokrates im *Geretteten Alkibiades.* Hier wie dort ist sein Gegenüber das "genus humanum," ein abstrakter Gattungsbegriff, eine Menschheit, die der Dichter sich seinen Ideen als empfänglich wünschte, und über die er, sich in die Rolle des Weltenrichters erhebend, sein Urteil sprach, als sie ihm nicht folgte.

Kaisers Angst, das volle Leben zu versäumen, seine zeitweilige Ablehnung der geistigen Lebensweise und der Wunsch, ihr zu entfliehen, ist innerhalb des Expressionismus, wie Sokel nachgewiesen hat, nicht untypisch: "There goes ... through Expressionist literature the thought that 'art hath grown too heavy,' and that the sacrifices made for its cause are a suicidal crime against life and happiness. This notion is closely connected with the Expressionist's hatred of, or at least indifference to, his own work."[160] Diesen Zweifel am eigenen Werk haben wir auch bei Kaiser beobachtet. Er entschied sich aber dann schon dadurch, dass er emsig weiterproduzierte und sein abstraktes Erneuerungskonzept nie aufgab, weiterhin für den Geist, für sein Werk und die eigene Grösse. Sokel schreibt: "Many Expressionists consider themselves cerebral monsters, unable to relate themselves to ordinary humanity. A hypertrophied brain has usurped and destroyed in them the practical and vital traits of personality, the capacity for action and feeling; it inhibits normal functioning and tends to lead to the total disintegration of personality, or, in the works of Kafka, to madness."[161] Auch für Kaiser hat dieses Problem zuzeiten bestanden, sein Prozess hat ihn ganz offenbar zu ähnlichen Empfindungen angeregt. Je weniger die Menschen ihm dann aber seiner Mühe

---

[158] W. Paulsen, *Georg Kaiser,* S. 58/59.
[159] Horst Makus, "Die Lyrik Georg Kaisers im Zusammenhang seines Werkes," (Diss. Marburg, 1970), S. 17.
[160] Walter H. Sokel, *The writer in extremis,* S. 135.
[161] Walter H. Sokel, op.cit., S. 85.

wert schienen, hat er diesen Wunsch nach praktischem, auf das gewöhnliche Leben bezogenem Wirken aufgegeben. Statt dessen hob er sich, wenn auch nicht ohne Sorge, hoch über die Menschen hinaus, und gerade das hat es ihm im Gegensatz zu den meisten anderen expressionistischen Dramatikern paradoxerweise ermöglicht, sein utopisches, auf die "Menschheit" bezogenes Erneuerungskonzept beizubehalten.

Während nach Sokel der Widerspruch von Vitalismus und Intellektualismus bei vielen Expressionisten einerseits in Selbstverachtung und andererseits in Selbstüberschätzung resultieren,[162] verteilen sich diese Gefühle bei Kaiser eher so, dass seine Verachtung auf die Umwelt zielt und die Überschätzung auf seine Person und sein Werk. Verzweiflung resultiert bei ihm zuletzt weniger aus dem Gefühl eigenen Ungenügens als aus dem Bewusstsein der Ohnmacht und aus der Erkenntnis, dass die Vision, die er propagierte, kein Echo fand und aus dem persönlichen Leid, das ihm widerfuhr. Dieses Leid wurde nun aber auf eine Weise bewältigt, die das eigene Künstlertum bestätigte. Walter Sokel hat das Bemühen der expressionistischen Künstler, in die menschliche Gemeinschaft aufzugehen, beschrieben und dargestellt, wie sehr die Einbildung eigener Grösse, die Selbstverherrlichung, der Erneuerung des Künstlers im Wege standen.[163] Kaiser aber war es – von der Krise um 1920 abgesehen – nicht um die eigene Erneuerung zu tun. Der Künstler war ja in seiner eigenen Vorstellung der Menschheit auf dem Weg der Vollkommenheit schon voraus. Sondern um die der anderen. Und es ging ihm daher auch nicht um seine Integration in die menschliche Gemeinschaft, sondern um die Erziehung der Mitmenschen zu sich selbst, zu Georg Kaiser hin. Denn obwohl der Künstler die Totalität an sich noch nicht verwirklicht hat, so hat er mit seiner Einsicht in ihre Notwendigkeit doch wenigstens schon den ersten Schritt daraufzu getan und ist eben darin der unreflektierten Existenz der Masse überlegen, die ihre Verkümmerung nicht erkennt. Von dieser Höhe aus kann der Künstler sich erneut an die Menschheit wenden, aber nicht als ein an "Leben" Unterlegener, sondern als Heiland, dessen geistige Existenz nun moralisch als Lebensverzicht, als Opfer erscheint. Denn mit der extremen Vereinseitigung im Geiste, aus der seine Werke entstehen, kann er die Mitmenschen auf die Gefahr jeder Einseitigkeit aufmerksam machen, zur Infragestellung ihrer Lebensweise anregen und zum Aufbruch aus der Verkümmerung veranlassen: "Ich habe mich selbst aufgeopfert für die Idee, die nur durch mich unter die Menschen gekommen ist. Mir musste es gleichgültig sein, ob ich dadurch zu Blut und Dreck wurde. . . . Wenn ich den wahnsinnigen Grössenwahn habe, die Menschen irgend etwas lehren zu wollen, dann ist es die erste Bedingung, dass ich mich selbst opfere" (IV, 562/63), so sagte Kaiser am 15. Februar 1921 vor seinen Richtern.

---

[162] Vgl. Walter H. Sokel, op.cit., S. 86/87.
[163] Walter H. Sokel, op.cit., S. 141.

In diesen Zügen gleicht das Porträt, das Kaiser von sich selbst zeichnet, der Sokrates-Figur in seinem Drama *Der gerettete Alkibiades*. Jener fasst in der gleichen Weise seine einseitig geistige Existenz als Krankheit auf, nimmt diese Einseitigkeit aber auf sich, um den Menschen ein Warnzeichen zu setzen. Es entspricht dieser Opferethik des Sokrates, wenn Kaiser noch während des Exils in einem Aphorismus vermerkt: "Wir sterben an unserem Werk — so sät der Tod das Leben aus" (IV, 634). Und von dieser abstrakten Position aus sieht Kaiser seinen Dienst an den Menschen. Seine frühere Äusserung, dass die Laufbahn des Dichters ein "Antrieb mit Skorpion" (IV, 547) sei, geschrieben in der Zeit, in der der *Gerettete Alkibiades* entstand, zeigt, dass Kaiser die Geistigkeit gerade auch des Dichters als einen tödlichen Stachel ansah; und dass er diesen Stachel schmerzend in sich selbst zu fühlen vermeinte, zeigt sein Ausruf vor dem Münchner Landgericht: "Tut dem Geist nicht zu weh, denn der Geist ist schon eine unheilbare Wunde" (IV, 563).

In seinem Leiden während der Exilzeit sah Kaiser sich aber noch einer anderen historischen Figur verwandt. "Georg Kaiser verglich sich selbst gern mit Platon und Jesus. Er als Reinkarnation Platons sei im Jahre 1933 gestorben. Seitdem existiere er als eine Art Reinkarnation Jesu. Er habe wie dieser seine Kräfte dafür verschwendet, seinem Volk das Bild und die Lehre vom 'neuen Menschentum' zu vermitteln, sei aber zum Dank dafür geächtet und vertrieben worden," berichtet Julius Marx in seinem Tagebuch.[164] Kaiser selbst schrieb 1944 an Robert Pirk über Jesus: "Keine Gestalt, die je auf Erden erschienen ist, ist dem Dichter so nahe — wenn er ein Dichter ist und kein Publikumsbediener."[165] Bezeichnend ist auch eine Bemerkung des Dramatikers in einem undatierten Brief an Frida Haller: "Büchners Werk ist für mich ein Evangelium. Wie soll ich das erklären? Es ist unerklärlich. Oder ist Büchner mein Johannes der Täufer und ich die Erfüllung? " (GKA). Jesus galt Kaiser weniger als Gottessohn und Verkünder des jenseitigen Heils, denn als "Genie der sozialen Humanität," wie er ihn einmal nannte (IV, 616). An Julius Marx schrieb er: "Wie Dante die Herrlichkeit seines göttlichen Gedichtes schuf, das er ohne Exil niemals schaffen konnte? Ich will also das Kreuz auf mich nehmen, an dem man zuletzt erhöht wird."[166] Auch Kaiser sah sich als "Erlöser,"[167] sein Drama *Pygmalion,* das nach eigenem Geständnis sein Künstlerschicksal darstellt,[168] bezeichnete er als "mein Vermächtnis an

---

[164] Julius Marx, *Georg Kaiser, ich und die anderen,* S. 100.
[165] Brief vom 15. Dezember 1944 (GKA).
[166] Undatierter Brief Georg Kaisers an Julius Marx (GKA).
[167] Brief Georg Kaisers an Cäsar von Arx vom 16. April 1941, zitiert nach A. Arnold, op.cit., S. 525.
[168] Vgl. Brief Georg Kaisers an Alma Staub vom 25. Februar 1943 (GKA).

die Welt."[169] Huder hat darauf hingewiesen, dass die Jesus-Figur in der bekenntnishaften Lyrik Kaisers "eine Demonstration der Person des Dichters" ist.[170] Und gerade hier kommt erneut zum Ausdruck, dass Kaiser das Leiden zeitweilig als eine unabänderliche Bedingung seines Dichtertums akzeptiert hat. Ein Beispiel mag das belegen:

ECCE DEUS

Gott hasst den Menschen mit ewigem Hass,
der keiner Zeit einmal Ende kennt,
und wo ein Funken seines Wesens brennt –
so dir und mir – wer Gottes Sohn sich nennt,
die Ruten ihm – Speigeifer – Dornenspass.

Es gilt vor Gott der Mensch dem Unrat gleich,
den er von seines Garten Beeten strich
den blanken Wuchs behindernd widerlich,
bis er des Fluches Eisenrechen wich –
immer verstossen aus dem reinen Reich.

Seit jenem Wort vermehrt den Garten er.
Führt einer wieder Menschenzug heran,
wissend um Gott noch – ihn verkündend dann –
und will dem Garten lockend nahn:
er kommt nicht hin – und hängt am Kreuz eh'r

als sich erhebt der erste Hahnenschrei.
Und immer sucht sich diese Rache Gott:
dass er den Sohn, der sich den Menschen bot,
von Menschen richten lässt – so noch der Spott
der Pein der Dornen zugegeben sei. (IV, 693)

Die Verbitterung des Dramatikers über das ihm von der Mitwelt zugefügte Leid steigerte sich in diesen Jahren zuweilen aber so sehr, dass er zu einer Opfertat nach dem Beispiel des Sokrates und Jesus nicht mehr bereit war. So schrieb er in einer Notiz: "Der einzelne Grosse (Christus, Sokrates) soll fallen um der dummen Menge willen? Ach nein – die minderwertige Menge muss ausgerottet werden. Bedient euch der Kriege und bringt euch zu Millionen um. Schafft Luft für den Grossen. Treibt euch mit euren Kriegen in den Abgrund und verschwindet für immer. Nur belästigt UNS nicht mehr" (IV, 635). Es wirkt in solchen Äusserungen Nietzsches Einfluss nach, der nicht etwa erst durch die Schicksalsschläge des Exils ausgelöst wurde, sondern schon früh in dem Dichter lebendig war und sein Verhältnis zu seiner Umgebung schon

---

[169] Brief Georg Kaisers an Cäsar von Arx vom 27. Februar 1944, zitiert nach R. Adolph, "Georg Kaisers letzte Jahre," S. 384.
[170] Walther Huder, "Nachwort," in: Georg Kaiser, *Stücke, Erzählungen, Aufsätze, Gedichte*, S. 776.

immer mitgeprägt hatte. Schon 1907 schrieb Kaiser an seine Braut Margarethe Habenicht:

Margarethe, wie tief ich zu dieser Zeit in die Einsamkeit ohne Buch, ohne Mensch hinaufgestiegen, das erfasst keines Freundes Ohr — meiner Schritte Schall. Wahnsinn ist darin und eine verschlingende Wucht der Stille, die braust — wie nun finde ich Dich da? Weil Du allein sein kannst. Auf einem andern Berg, der fernab von den andern liegt. Dieser gleiche Wille eint uns! Allein zu sein — und zueinander streben. Ganz uns selbst gegeben. Mancherlei Verachtung wird hier oben geboren und diese frisst sich am tiefsten in mich (nicht gar tief, denn diese obere Luft macht hart): warum sind wir nicht beieinander? Warum tritt zu der furchbaren Qual der Tat, der schöpferischen Tat und diesen Schmerzen die Last verlorenster Einsamkeit? — Ich sehe nun viel von der Höhe an und kann des verächtlichen Lächelns nicht entraten. Es ist gar verachtenswert. Es ist auch unrein. Es ist wundervoll zu belächeln! Wie ich es mehr an mich heranlasse, sehe ich der Lächerlichkeit erst genau ins Gesicht. Das ist so komisch, dass eine Träne des Mitleids in den Tränenstrom des Lachens perlt. Aber Margaretlein, ich fordere Dich hier zum Lachen auf. Hier nimm meine Hände und lass uns lachen. Da ist die Wiese und darauf wollen wir tanzen und alles lassen wir unter uns tollen.[171]

Es wird hier klar, dass Kaisers Wunsch nach Einsamkeit schon ganz früh nicht nur eine Folge seiner schwachen Nerven und seines Schaffensdrangs, sondern auch eine ganz bewusste, von Nietzsches *Zarathustra* beeinflusste Geisteshaltung war. Besonders in Zeiten äusserer Bedrängnis zog der Dichter sich trotzig auf diese aristokratische Distanz zur Menge zurück. So schrieb er zum Beispiel 1921 aus dem Untersuchungsgefängnis an seine Frau: "Ich gebe ja der Gesellschaft recht. Ich bin ausgeworfen — aber aufwärts! In die Höhe bin ich geflogen. Lasst mich da oben. Ich sehe ja kaum noch, was da unten geschieht!"[172] Auch in den Schweizer Bergen dann fühlte er sich weit über die Menschen erhoben. Er schrieb an seine Tochter Sibylle: "Die Gewalt dieser Bergwelt — bedenke: fast zweitausend Meter über dem Menschenspiegel — hat mich mehr und mehr in Besitz genommen, und es kommt der Wunsch zum Keimen: niemals wieder herabzusteigen auf gleiche Höhe mit dem Menschenspiegel — oder sagen wir: Tiefe."[173] Paulsen hat daher recht, wenn er schreibt, Nietzsche habe nicht nur das Werk, sondern auch gerade die Person Georg Kaisers beeinflusst.[174] Als er sein letztes Drama, *Bellerophon* (1944), beendet hatte, schrieb Kaiser an Julius Marx: "Das Werk musste geschaffen werden, mit dem ich mich selbst in die Sterne versetzt habe."[175] Dass er auch jetzt noch für die Menschen schrieb, muss weniger als ein Zeichen von besessenem

---

[171] Brief an Margarethe Habenicht vom 24. April 1907 (GKA).
[172] Brief vom 2. Januar 1921 (GKA).
[173] Brief an Sibylle Kaiser vom 10. Februar 1943.
[174] W. Paulsen, *Georg Kaiser,* S. 106.
[175] Brief vom 13. April 1944 (GKA).

Verantwortungsbewusstsein gesehen werden, wie Walter Huder meint,[176] sondern im Geiste Zarathustras, der da sprach: "Ungerechtigkeit und Schmutz werfen sie nach dem Einsamen: aber mein Bruder, wenn du ein Stern sein willst, so musst du ihnen nicht weniger leuchten."[177]

---

[176] Walther Huder, "Jede Spur ist siebenfach ein Siegel: Die späte Lyrik Georg Kaisers," *Akzente,* 9 (1962), 141.

[177] Friedrich Nietzsche, *Werke in drei Bänden,* Bd. II, S. 327.

KUNST UND KÜNSTLERTUM ALS THEMA
DER DRAMEN

Georg Kaiser hat sieben Künstlerdramen geschrieben. Es sind *Hete Donat* (1904), *Der Protagonist* (1920), *Noli me tangere* (1921), *Die Flucht nach Venedig* (1922), *Vincent verkauft ein Bild* (1937), *Klawitter* (1939/40) und *Pygmalion* (1943/44). Es sind Dramen, in denen das Schicksal des Künstlers, sein Verhältnis zur Kunst und zum Leben zur Darstellung kommen. Zusätzlich treten in zahlreichen anderen Stücken des Dramatikers Künstlerfiguren auf, an denen Kaisers Kunstauffassung und sein Bild des Künstlers deutlich werden. So haben wir neben den Theoretischen Schriften mit den Dramen selber ein zweites Materialfeld zum Künstlerbild dieses Dichters, das gegenüber den Aufsätzen den Vorteil hat, dass es sich über die gesamte Schaffenszeit erstreckt.

Auf die Künstlerdramen selbst sind bisher vor allem die Arbeiten von Kenworthy,[1] Kuxdorf[2] und Schürer[3] eingegangen. Es fehlt bisher jedoch an einer durchgehenden Untersuchung der Künstlerfigur bei Kaiser auf dem Hintergrund der Kunstauffassung der Theoretischen Schriften. Das soll nun hier versucht werden. Um die Möglichkeit einer Entwicklung der Künstlerfigur zu prüfen, gehen wir in diesem Abschnitt chronologisch vor, wobei wir der in der Einleitung zu dieser Arbeit angedeuteten Periodisierung folgen. In dem ersten Abschnitt behandeln wir die Darstellung des Künstlers während der Frühzeit bis 1910, in dem zweiten die der expressionistischen Periode von 1912 bis 1922. In der nachexpressionistischen Zeit von 1923 bis 1933 tritt die Künstlerfigur ganz zurück. Zwar haben wir in dem Stück *Zweimal Oliver* (1925/26) mit dem Varieté-Artisten Oliver einen "Verwandlungskünstler," und in der Komödie *Papiermühle* (1926) den Dichter Ernst Ollier; in beiden Fällen aber werden die Probleme des schaffenden Künstlers kaum angesprochen. Erst während der Zeit der inneren Emigration von 1933 bis 1938 rückt die Künstlerfigur in den Dramen Kaisers wieder ganz in den Vordergrund, wo sie auch während seiner letzten Schaffensperiode, der des Exils von 1939 bis 1945, bleibt.

Künstler und Pseudokünstler

Dem Einakter *Faust* von 1897 stellte Kaiser einen Prolog voran, in dem ein Theaterdirektor sich über mangelndes Publikum beklagt und den Dichter

---

[1]   B. Kenworthy, *Georg Kaiser*, S. 154–199.
[2]   M. Kuxdorf, *Die Suche nach dem Menschen im Drama Georg Kaisers*, (Berlin, Frankfurt/Main, 1971), S. 102–116.
[3]   E. Schürer, *Georg Kaiser*, S. 174–191.

auffordert, "ein neues Werk nun mit verjüngter Kraft" (V, 24) zu schreiben, damit die Gunst der Menge erneut seine Kassen fülle. Mit dem Wunsch nach Originalität sieht sich der Dichter jedoch überfordert: alles sei schon einmal dagewesen. "Was *neu* ich schaffe, schleudr' ich wieder fort –/ Denn immer hat's nachher schon einer irgendwo gelesen!" – (V, 24). Der Regisseur, dritter Gesprächspartner, bringt ihn auf die rettende Idee: Wenn man schon nichts Neues denken kann, so kann man doch das Alte vielleicht in einer modernen Form präsentieren, die das Interesse der Menge aufs neue fesseln würde. Freudig stimmt der Dichter zu: Sinn und Schönheit grosser Dichtung treffe weder Verständnis noch Begeisterung, weil Form und Sprache veraltet seien.

> Doch ist es schade um den tiefen Sinn,
> Der durch die Werke alter Meister weht,
> Dass ihrer Schönheit Macht so schnell vergeht! ––
>
> Und so will *ich,* der ich ein Dichter bin,
> Die alte Kunst vor'm Untergang bewahren
> Und die Ideen aus vergang'nen Jahren
> In's neue Kleid der heut'gen Zeit verweben,
> Dass sie in frischer Kraft aus neuem Leben
> Zu neuer Wirkung Frühlingsblüten treiben! – (V. 26).

Das nachfolgende Stück, *Faust,* hält jedoch nicht, was der Dichter hier verspricht. Statt der alten "Ideen" in neuer, moderner Form, entstand in alter Form die blosse – und keineswegs geistreiche – Parodie auf das Goethesche Drama. Sicher ist daher der Prolog als ironische Absicherung des einundzwanzigjährigen Kaiser gegen den Vorwurf, sich an einen so bedeutenden Stoff gewagt zu haben, zu sehen. Interessant ist aber immerhin, dass Kaiser, der selbst nie ein origineller Denker war, das Genie seiner ersten Dichterfigur an die Möglichkeiten der Form verweist. Und mag das gesteigerte Selbstbewusstsein dieser Figur noch lächerlich wirken, die Überzeugung, berufen zu sein und Grosses zu schaffen, die hohe Achtung vor dem eigenen Werk wie der Wunsch nach Wirkung in der Zeit, das sind Züge des Künstlers, die im späteren Werk – wenn auch mit anderer Begründung – durchaus ernsthafte Geltung gewinnen.

Das erste Stück Georg Kaisers, in dem ein Künstler als handelnde Person auftritt, ist die Komödie *Der Fall des Schülers Vehgesack* (1901/02). Vehgesack, dessen "eigenmächtige schriftstellerische Tätigkeit" (I, 80) gegen die Schulordnung verstösst, ist mit sympathisierender Ironie gezeichnet. Das Wort "Dichter" kommt ihm noch erst zögernd über die Lippen, und seinen Erstling bezeichnet er anfangs bescheiden als "Stümperei" (I, 69). Aber Frau Exters Angebot, das Manuskript aus der Anstalt zu schaffen und an einen Verlag zu schicken, nährt schnell seine Hoffnungen und sein Selbstvertrauen: "Vielleicht ist es sicher ein grosses Werk," meint er. "Die Menschheit hat ein Anrecht auf das Buch – verpacken Sie es – und schicken Sie es heute noch hin" (I, 74).

Auf dem Hintergrund der erst später verfassten Theoretischen Schriften und der Biographie Kaisers ist die Reaktion des gesunden, intelligenten Jungen auf die strenge, verstaubte Anstaltsdisziplin aufschlussreich: "Ich behaupte — nur der Vogel, der im Bauer eingeschlossen ist und von Stange zu Stange hüpft, singt. Jede Gefangenschaft — das ist doch im Grunde nur die Ablenkung von äusseren Zerstreuungen — führt uns zur Beschäftigung mit uns selbst — mit dem, was wir können. Wir entdecken unsere Gaben — wir heben den Schatz in Ruhe und Abgeschiedenheit — nichts stört — und ich bin mit einem Male, der ich bin!" (I, 68). Schon hier sucht und findet ein Künstler in Kaisers Werk sein Künstlertum jenseits aller Störungen durch die Aussenwelt und in der Konzentration auf sich selbst und seine Fähigkeiten. Auch ist mit dem Beispiel, dass nur der gefangene Vogel "singt," ein Gedanke ausgesprochen, der in der späteren expressionistischen Periode Kaisers grosse Bedeutung gewinnt und noch im *Pygmalion,* einem seiner letzten Dramen, wiederkehrt, die Vorstellung nämlich, dass gerade der Mangel an Leben den Künstler zur Produktion anregt, dass seine Werke aus der Sehnsucht nach dem Leben entstehen.

Damit entschwebt Vehgesack allerdings noch nicht in die luftleeren Gefilde des Geistes, wie manche Künstlerfiguren der expressionistischen Zeit. Abgeschiedenheit und Ruhe sind hier nämlich nicht die einzigen Voraussetzungen der künstlerischen Produktion — "das Erlebnis muss hinzukommen!" (I, 68). Vehgesacks Werk handelt von der Verführung eines Anstaltszöglings durch eine Lehrerfrau und dem dadurch geförderten Entwicklungsprozess in dem Jüngling. Der Verleger Sochaczewer hebt die Originalität des Buches hervor, die Handlung sei höchst ungewöhnlich, die Form sei "gesprengt" (I, 84). Er irrt jedoch, wenn er meint, der Inhalt schiesse "aus der Phantasie auf" (I, 84). Für diese erste lebendige Künstlergestalt in Kaisers Werk sind Dichten und Erleben noch unlösbar verbunden, und mit diesem ganzheitlichen Künstlertum ist er dem einseitigen Geistesarbeiter Hornemann überlegen.

Was der Schüler Vehgesack noch kaum zu hoffen wagte, beansprucht der Dichter Barin in Kaisers früher Komödie *Die Sorina* (1909) mit zielbewusster Selbstverständlichkeit. Er liebt es, Vorstellungen zu geben, er braucht Zuschauer, Anerkennung und Reichtum. Nach Petersburg will er nur zurückkehren, wenn ihm der Erfolg sicher ist: "Kann ich nicht als Sieger einziehen, so bleibe ich wo ich bin!" (V, 536). Auch Barin ist kein weltfremder, vergeistigter Künstler. Er tritt selbstsicher und furchtlos auf und kann sich durch seine überlegene Gewandtheit den Intrigen des gefährlichen Polizeiinspektors Barssukoff und seiner leidenschaftlichen Frau Mastridia nicht nur mühelos entziehen, sondern beide durch seine eigene Intrige noch seiner Sache dienstbar machen.

Im Zusammenhang mit dem Künstlertum dieses Barin wird ein Problem angesprochen, das Georg Kaiser immer wieder beschäftigen sollte: die Frage nämlich nach der Geltung der Person des Künstlers vor seinem Werk. Zunächst scheint es so, als ob Barin seine Person, ganz so wie Kaiser es in seinem "Bericht vom Drama" von 1925 dann forderte, hinter sein Werk zurückstellte. Er bezeichnet sein Schauspiel als "Heiligtum" (V, 529), und schon die Berührung des Manuskripts durch einen Polizisten empfindet er als Entweihung. Ein Aufführverbot ist ihm unvorstellbar. Als Barssukoff das Stück dennoch verbietet und mit Barins Verhaftung droht, weicht er entsetzt zurück: "Ich bin ja schon tot — wenn *das* nicht lebt!" (V, 530). Trotzdem aber wird im Verlauf des Stückes immer klarer, dass dieses "Heiligtum" letztlich nur der erhofften Grösse des Autors dienen soll. Besonders gegen Ende offenbart sich, dass Barin nicht bereit, ist, sich selbst seinem Werk zu opfern. Er nimmt das Pseudonym "Barssukoff" an. Und unter diesem Namen wird er schreiben — als Barin aber will er leben. Seiner Geliebten, der Sorina, bekennt er: "Für dich bin ich Barin! Du sollst mich ganz allein besitzen. Der Welt schenke ich nur den Barssukoff!" (V, 575).

In der Komödie *Der mutige Seefahrer* von 1910 tritt als Nebenfigur der arme Musiker Marius Madsen auf. Dass er als kleiner Handlungsgehilfe sein Brot verdienen muss, tut seiner Überzeugung, zum Künstler berufen zu sein, keinen Abbruch: "Kann der Künstler nicht alles tun? Es gibt nichts, das die Flamme in ihm auslöscht" (V, 598), erklärt er. Später, in den Theoretischen Schriften, hat Kaiser ausführlicher von diesem innersten Antrieb gesprochen, der in dem Künstler als eine unabhängige Kraft wirkt, der der Künstler als "Hülse" (IV, 547) dient. Folgerichtig wurde dem Künstler als Medium dieser Kraft das persönliche Verdienst am Werk abgesprochen. Eitelkeit und Streben nach Reichtum erschienen als unangemessen.

Schon der Marius Madsen von 1910 nun wird diesen Vorstellungen über das Künstlertum gerecht. Nur dass hier diese Kraft noch nicht die Vision, sondern — ähnlich wie schon bei Vehgesack — das Erlebnis ist. Als Karen Madsens Vorhaben lobt, eine Symphonie über Ausfahrt und Tod des Lars Krys zu schreiben, lehnt er bescheiden ab: "Nicht mein Verdienst — es gestaltet sich fast ohne mein Zutun. Hier ist die Luft voll von Erregungen, die mich fassen und führen" (V, 598/99). Dieses Schaffen aus dem Erlebnis macht das gewöhnlich Menschliche an diesem Künstler aus. "Ich bin ein Mensch, der erlebt wie alle Menschen" (V, 598), antwortet er auf die Frage, ob er ein Genie sei. Die erschütternde Trauer um Lars, der er im Hause Krys ausgesetzt ist, machen ihn zur künstlerischen Hervorbringung "reif" (V, 597). Auf Reichtum verzichtet Marius bereitwillig. Er braucht dagegen das, was auch manche Künstlergestalten im Spätwerk Kaisers — Abel Parr in *Vincent verkauft ein Bild* zum Beispiel und Ernst Hoff in *Klawitter* — nicht entbehren können: die Ergänzung durch die liebende Frau. "Eine Stube und ein Klavier und Karen an meiner Seite," so erklärt er, "dann komponiere ich meine Symphonie!" (V, 638).

Neben Künstlern, die berufen sind, treten in den frühen Dramen Georg Kaisers zwei auf, deren Künstlertum nur vorgetäuscht ist. Es sind Alfred

Donat in dem Drama *Hete Donat* (1904) und Rust in der Tragödie *Die Versuchung* (1909/10). Beide werden von einer reinen Frauengestalt ernst genommen, Donat als Person, Rust als Schriftsteller. Während die berufenen Künstler in Kaisers Stücken jedoch von der Liebe einer Frau in ihrem Künstlertum entzündet und gefördert werden, scheitern Donat und Rust an der liebenden Frau und richten sie zugrunde. Huder sieht in Alfred Donat ein Opfer des Establishments: "Die spätbürgerliche Gesellschaftspraxis trimmt ihre Künstler nach dem Geschmack des Establishments. Sie frustriert sie aufgrund überzogener Talenterwartung und existentieller Labilität zu Bohemiens, zu fast tragischen Randfiguren, sobald sie dem gestellten Leistungsprinzip nicht zu entsprechen vermögen."[4] Huder übersieht jedoch, dass Donat gar kein Künstler ist, sondern ein Hochstapler, der sich seine Bildhauerrolle nur zulegt, um sich Zugang zur reichen Kaufmannsfamilie zu verschaffen. Gewiss zeigen Alwine und William Breitner, als sie Donat durchschauen, kein übermässiges Mitgefühl. Wenn man jedoch nach der Schuld in diesem Drama sucht, dann ergibt sie sich aus dem Zusammenwirken von Donats Willensschwäche und Hedwigs blinder Liebe zu ihm. Auch Kuxdorf können wir daher nicht zustimmen, wenn er schreibt, Donat sei in "eindeutiger Schwarz-Weiss-Malerei" und mit "verachtungswürdiger Krassheit" gezeichnet.[5]

Kaiser beschreibt Donat als ". . . Dreissiger mit dunklem Kinnbart, das Gesicht hat weiche, schwächliche Züge" (V, 277). Er ist ein armer Gewerbezeichner, gibt sich aber aus dem schon bezeichneten Grunde als Bildhauer aus, heiratet Hedwig und lebt von ihrem Geld. Es ist nun aber gerade seine Künstlerrolle, die ihn am erhofften Wohlleben hindert. Denn Hedwig, die aus Liebe zu ihm auf sein Spiel eingeht und ihn ganz für sich haben möchte, versucht ihm einzureden, er sei als Künstler "ein anderer Mensch" (V, 308) und versucht, "das Leben mit seinen kleinen Notwendigkeiten" (V, 310) von ihm fernzuhalten. Und so ist Donat, der sich im Grunde nach praktischen Aufgaben und regelmässiger Arbeit sehnt, zum Müssiggang verurteilt. Hedwig vereitelt auch, um ihre Trennung zu verhindern, Alfreds Ausbruch aus seiner Rolle und den Neuanfang in der Fremde. Als Kaufmannsgehilfe in der Familienfirma aber versagt er, weil die Familie ihn jeder Selbständigkeit beraubt. Schliesslich trägt Hedwig ihm den Revolver zu, mit dem er sie erschiesst.

Paulsen und Schürer haben auf den naturalistischen Charakter dieses Pseudokünstlers hingewiesen.[6] Es ist aber darüber hinaus nicht unwahrscheinlich, dass Kaiser sich mit diesem Drama die Frage nach der Echtheit seiner eigenen Berufung gestellt hat. Unter seinen Brüdern, die alle in ihren bürgerlichen Berufen sehr erfolgreich waren, war der schriftstellernde Georg

---

[4] Walther Huder, "Nachwort," in: Georg Kaiser, *Werke,* Bd. V, S. 818.
[5] M. Kuxdorf, op.cit., S. 63.
[6] W. Paulsen, *Georg Kaiser,* S. 41; und E. Schürer, *Georg Kaiser,* S. 38.

ein Aussenseiter. Seine physische und nervliche Zerrüttung machten ihn für den erlernten Kaufmannsberuf untauglich. Er war durch seine Krankheit ans Haus gebunden und lebte auf Kosten der Familie. Da wird die Frage, ob die Verwandten sein Künstlertum ernst nahmen, dem sensiblen Dramatiker nicht fremd gewesen sein. Und er selber? Zwar war der Gedanke, dass die künstlerische Produktion der Impotenz entspringt, dem jungen Kaiser − wie wir aus dem *Fall des Schülers Vehgesack* wissen − nicht fremd. Das was er bisher geschrieben hatte, war jedoch kaum dazu geeignet, den Ansprüchen des Genies, wie er sie am Werk Vehgesacks beschrieben hatte, gerecht zu werden. So mögen ihm selber Zweifel gekommen sein, ob die erzwungene Musse sein Künstlertum rechtfertigte.

Die Figur Rusts in der *Versuchung* legt ähnliche Überlegungen nahe. Kaiser setzte sich schon früh mit einer Fülle von in Literatur und Philosophie vorgefundenen Ideen in seinen Dramen auseinander, ohne sich auf eine bestimmte Position festzulegen. Auch diese Unverbindlichkeit wird erst später zum Programm. Jetzt mag sie Unsicherheit und Zweifel an der eigenen Berufung genährt haben. Rust wird der Unverbindlichkeit der von ihm vorgetragenen Ideen wegen in diesem Stück moralisch verurteilt. Allerdings entspringt seine Übernahme Nietzschescher Ideen über die Pflicht zur Nachkommenschaft, wie seine schriftstellerische Tätigkeit überhaupt, niedrigen Motiven, wie Kaiser sie zweifellos nicht gekannt hat. Der Dramatiker spricht in seinen Theoretischen Schriften in Bezug auf Rust von einem "haltlosen Individuum," das seine Erlebnisse "nicht künstlerisch bewältigen" könne (IV, 543). Rust nämlich geht es nur darum, sich mit seinem Buch an Karla, der Jugendgeliebten, zu rächen. Mit den prophetisch vorgetragenen Ideen über die heilige Pflicht der Frau, soviele Kinder zu gebären, wie die Natur "zulässt" (I, 314), beabsichtigt er, Karla zu verhöhnen, die ihn verlassen und sich mit einem wohlhabenden Juristen verlobt hatte: "Ein höllischer Witz − ein Wutschrei des Geprellten!" (I, 352). Karla aber nimmt das Buch ernst und versucht, seine Ideen zu leben. Da ihr Mann gelegentlich trinkt, gibt sie sich aus Pflicht gegen die gesunde Nachkommenschaft dem angeblichen Kraftmenschen Rust hin. Als sich ihr aber der wahre Charakter des Buches enthüllt, bricht die Ideenwelt, der sie "Wahrheit und Reinheit" (I, 351) geopfert hatte, zusammen und sie nimmt sich das Leben.

In Kaisers Dramen der Frühzeit werden die Künstlerfiguren, wo sie auftreten, immer im Zusammenhang mit den Mitmenschen, dem Volk, den Bürgern, dem Staat gesehen. Die Dichterfigur im Prolog seines *Faust,* Vehgesack und Barin sehen sich selbst in Bezug auf die ganze Menschheit. Aber die Vorstellungen von ihrer Wirkungsmacht und Erneuerungsabsicht sind nicht ernst zu nehmen. Der Dichter im Faust-Prolog will ". . . die Ideen aus vergang'nen Jahren / In's neue Kleid der heut'gen Zeit verweben" (V, 26) und mit seinem "Wunderwerk" (V, 26) eine Zeitenwende herbeiführen. Vehgesack, kaum dass er sein Werk als "Diletanterei" (I, 69) abgetan hat, meint,

die "Menschheit" (I, 74) habe ein Anrecht auf das Buch, und Socaczewer
berichtet, der Ich-Erzähler dieses Werkes entwickele sich durch sein Verhältnis
mit der Lehrerfrau zum Gott: "Richtig'n Gott wird er, der alles umkrempelt
und neu arrangiert" (I, 84). Und auch Barin äussert, dass sein Werk "die ganze
Menschheit betrifft" (V, 526). Mit welcher Ironie Kaiser den Wunsch des
Künstlers bedachte, auf seine Zeit einzuwirken, wird auch gerade an Rust
deutlich, der auf Karlas Frage, ob er noch studiere, antwortet: "Ich gebe
schon an die Menschheit ab" (I, 330).

Andererseits heben sich alle Künstlerfiguren deutlich von ihrer bürgerlichen
Umgebung ab, die sich in ihren verschiedenen Manifestationen, wie Publikum
(Faust), Staat *(König Heinrich)*, Schule *(Vehgesack)* und Zensurbehörde *(Die
Sorina)* als kunstunverständig, ja kunstfeindlich erweist. Die Schulordnung
verbietet Vehgesack die schriftstellerische Tätigkeit, der Rektor versucht, die
Veröffentlichung seines Werkes zu verhindern, der Verleger versteht nicht den
Erlebnisgehalt und der Fürst verwechselt Goethe und Schiller. Wo der Staat
sich anmasst, in die Kunst einzugreifen, entblösst er schon im Frühwerk Georg
Kaisers seine eigene kulturelle Unzulänglichkeit. Das Stück *König Heinrich*
(1897/98) ist ein derber Angriff auf die staatliche Theaterzensur im
Wilhelminischen Deutschland und den patriotischen Dichter, der seinen
militärstaatlichen Interessen zu Diensten ist. Einen zweiten Hieb in diese
Richtung führt der Dramatiker mit der *Sorina*, worin der für das Kulturleben
der russischen Kleinstadt zuständige Polizeiinspektor Barssukoff alle Stücke
verbietet, in denen die Sorina, die er sich einzufangen sucht, einem
Schauspieler in die Arme zu liegen kommt.

Schon der frühreife Vehgesack hebt sich unter den verknöcherten Lehrern,
den dummen Mitschülern und den ihm nachstellenden Lehrerfrauen durch
seine schlichte Sicherheit heraus. Barin spielt ein überlegenes Spiel mit seinem
ortsgewaltigen Widersacher. Marius Madsen ist neben Karen der einzige, dem
das Geld, hinter dem alle anderen herlaufen, nichts bedeutet. Die Überlegenheit des Künstlers ergibt sich also nicht wie später während der expressionistischen Periode aus seiner Bereitschaft, die Menschheit mit einer Heilsbot-
schaft zu erneuern oder aus seiner geistigen Grösse und Opferbereitschaft,
sondern durch Intelligenz, Unbefangenheit, Mut und weltläufige Gewandtheit.
Während die Bürger, wie Sochaczewer, Hete Donat, Karla und Rolf den
Künstler gern lebensfremd und im Reich der Phantasie sehen, ist Kaiser noch
nicht bereit, ihn als einseitiges Geisteswesen zu zeichnen. Das zeigt sich
besonders in der *Versuchung*, wo Rust sich in bitterer Selbstironie das Genie
abspricht. Über seinen Aufenthalt in der Dachkammer sagt er zu Rolf, der in
ihm den Dichter-Propheten sehen will: "Wo sind wir? Hoch oben, wo die
Dächer über die Firste abstürzen. . . . Wo allen graust – haust Rust. Hoch –
einzeln – ein Fürst, der die Stille aushält. Gewaltig Denken – was Lux?" (I,
325). Karlas Kindheitserinnerungen nennt er einen "Dachsparren" (I, 331).
Die Raumsymbolik für das geistige Dasein im *Geretteten Alkibiades* steht also

schon bereit. Die Dachkammer, von Alkibiades "Dachsparrenkammer" (I, 774) genannt, war die Geistigkeit, in die Sokrates sich steigerte. Hier aber, im Frühwerk, stellt Kaiser den Künstler noch mitten in das Leben.

Aufbruch und Opfer

In den Theoretischen Schriften zwischen 1917 und 1922 entwickelt Kaiser die Vision von der Erneuerung des Menschen auf seine ursprüngliche Vollkommenheit hin, und er sieht den Dichter als Diener an dieser Idee, die sich im Zuschauer verwirklichen soll. Stellt er aber einerseits den Künstler als Vorbild dieser Entwicklung hin, als der "heute vollendbarste Typus Mensch" (IV, 573), so muss er auf der anderen Seite erkennen, dass gerade er durch seine einseitig geistige Tätigkeit sich gegen das Gebot der Totalität im Menschen vergeht. Dieses Dilemma, das wir als Geist-Leben-Problem bei Kaiser bereits charakterisiert haben, prägt sich auch in den Künstlerfiguren der expressionistischen Schaffensperiode besonders deutlich aus. Und die Entscheidung, die sie in diesem Konflikt treffen, wirkt sich aus auf ihr Verhältnis zum Werk und zu den Mitmenschen.

In Kaisers Drama *Der gerettete Alkibiades* (1917/19) bezeichnet Sokrates sich selber als "Künstler" (I, 771). Die Forschung hat diesen Hinweis des Philosophen bisher nicht berücksichtigt.[7] Dabei verkörpert gerade er die Ideen Kaisers über die Seinsweise des Künstlers besonders deutlich. Sokrates trifft diese Feststellung gleich nach seinem Aufstieg in die Dachkammer. "Ein Künstler kann nur in Einsamkeit schaffen" (I, 771), bemerkt er zu seiner Frau. Als Xantippe spöttisch erwidert, er sei doch nur ein Hermenmacher, "der im Dutzend arbeitet" (I, 771), entgegnet Sokrates gelassen: "Meine Handfertigkeit kann sich entwickeln" (I, 771). Diese Entwicklung zum Künstler hat mit Sokrates' Aufbruch in die Höhe des Geistes begonnen. Der Dorn ist Sinnbild des Leidens dessen, der die Verkümmerung des Lebens durch einseitige Geistigkeit akzeptiert, des Künstlers also, der die Natur des Menschen erkennt und aus dieser Erkenntnis die Aufgabe annimmt, zu dessen Wohle zu wirken. Als solcher erfüllt Sokrates zunächst die Forderung Georg Kaisers, der Künstler müsse "Widersacher der Sitten und Formeln seiner Mitzeit" (IV, 553) sein, indem er die Fischweiber und Träger verwirrt und Alkibiades ängstigt, d.h. die Lebensnormen der Griechen infrage stellt. Er sieht jedoch bald ein, dass die Menschen die Wahrheit, die Einsicht in die Absurdität des Lebens, nicht ertragen können und rettet durch Verneinung seiner selbst, durch sein Selbstopfer, die Ordnung, die Alkibiades repräsen-

---

[7] Eine gewisse Ausnahme bildet Ernst Schürer, der am Ende seiner Interpretation dieses Stückes Sokrates mit dem expressionistischen Künstlertyp vergleicht (*Kaiser und Brecht*, S. 76). Auch er aber zieht Sokrates' Aussage über sich selbst nicht heran.

tiert. Sein Tod ist "heilsam für alle" (I, 806). Mit dieser Anerkennung des Lebens durch den Nur-Geistigen entsteht Sokrates im Sterben die Vision von der Synthese von Geist und Leben, die in der Person Platons am Ende des Stückes seine Verkörperung findet.

Obwohl Sokrates mit seiner Rettung des Alkibiades die Mitmenschen vor dem destruktiven Intellektualismus bewahrt, wird dem Künstler in diesem Drama nichtsdestoweniger der Weg der reinen Geistigkeit zugewiesen. Denn nur durch seine geistige Überlegenheit kann er die Welt vor dem Chaos bewahren. "Zu *Einseitigkeit* beruft die Vision" (IV, 548), hatte Kaiser in seinem Beitrag "Vision und Figur" geschrieben. Nicht in sich selbst, sondern nur in seinem Werk, seinem visionären Vermächtnis, kann er Geist und Leben zur Synthese vereinen. Sokrates verhält sich also selbst so, wie er es von dem Dichter forderte: er entäussert sich seines Lebens, indem er das Leben der anderen vermehrt und bleibt als eine ". . . versandete Quelle zurück" (I, 790). Damit erhält die Impotenz des Künstlers als Voraussetzung seines Schaffens jetzt eine ethische Fundierung. Die "Krankheit" des reinen Geistes ist Leiden für die Menschen.

Während die Einsicht in die Natur und Bestimmung des Menschen, die Geistigkeit, den Künstler einerseits zur helfenden Hinwendung an die Menschen veranlasst, so treibt ihn andererseits gerade diese Erlöserfunktion in die letzte Einsamkeit. Kaiser gestaltet dieses Problem besonders pointiert an der Sehergestalt in der Dramenskizze "Die Erneuerung" von 1917. Dieser "Einzelne" (VI, 710) sehnt sich nach Gemeinschaft. Er wirbt um die Menge: "Ich bin euer Bruder – vergesst es nicht. Warum stosst ihr mich wieder aus eurer Gemeinschaft? Bin ich ein Übeltäter? Ich tat euch nichts – ich forderte euren Widerstand nicht heraus. Ich bin an euch hingegeben – mit keiner Tat entfremdete ich mich euch. Warum kommt ihr zu mir – um mich allein zu stellen? " (VI, 712). Die Menge aber hält ihn erbarmungslos in der Entfernung. Der Einzelne rechtfertigt sich: "Ich bin ein Seher – ich bin kein Täter" (VI, 712). Als die Menge seinen Namen ruft, schreit er: "Ruft nicht euer Verderben mit meinem Namen!" (VI, 713). Als der Freund ihm dennoch die "Erhöhung" (VI, 713) zuruft, opfert er sich: "Ich vergiesse hier mein Blut und will euch richten. Aus meiner Haft ströme ich in euch zu endlicher Verschmolzenheit. Meine Un-Tat wird eure Erneuerung: sie ruft euch zur Tat der millionen Täter – zu eurem Werk aus Kraft des Letzten in Kraft des Besten – in mächtig gebändigter Versammlung!" (VI, 713).

So haben wir hier das gleiche Verhaltensmuster wie bei Sokrates im *Geretteten Alkibiades:* der Künstler verzichtet auf das Leben, er ist kein "Täter." Er verleugnet sich selbst, indem er die anderen vor seiner geistigen Seinsweise warnt und opfert sich, indem er seine Kraft an die Menge abgibt. Hier wird noch einmal die überragende Bedeutung der Opferidee für Kaisers Vorstellung vom Künstlertum zusammenfassend deutlich. Nur im Selbstopfer, mit dem er das Leben der anderen vermehrt, erfüllt er seine Bestimmung; nur durch das Selbstopfer wird er aus seiner Einsamkeit erlöst, indem er sich in die menschliche Gemeinschaft auflöst; und nur im Selbstopfer schliesslich gelingt es ihm, die Synthese von Geist und Leben herzustellen. Wir haben im ersten Teil dieser Arbeit darauf hingewiesen, dass diese Opferidee bei Kaiser zuerst in den *Bürgern von Calais* zur Darstellung kam. Wird Eustache schon dort am Ende zur Christusfigur erhöht, so wird auch hier in der "Erneuerung" jetzt das Opfer des Künstlers in dem Bild des Blutvergiessens mit dem Opfer Christi verglichen.

In dem Drama *Hölle Weg Erde* (1918/19) wirkt nun zum erstenmal eine Künstlerfigur bei Kaiser direkt auf die Menschen ein. Der Maler Spazierer verkündet und bewirkt ihre Erneuerung. Die Forschung hat wiederholt auf die Unglaubwürdigkeit der Erneuerug der Menge in diesem Spiel hingewiesen. Schürer zum Beispiel, dem *Hölle Weg Erde* als eines der schwächsten Dramen Kaisers gilt, schreibt: "If the play is to show the birth of a new ethical responsibility, a moral awakening and regeneration, this aim gets lost in an ocean of words. It only demonstrates the failure of abstract language to convince and change people."[8] Dieser Sachverhalt kann jedoch nicht überraschen, wenn man bedenkt, dass Kaiser bei seiner Erneuerungskonzeption – wie wir gesehen haben – weniger von der Wirklichkeit als von der Idee ausgeht. Es zeigt sich nämlich bei genauerem Hinsehen, dass es sich in diesem Spiel um nichts anderes handelt als die Versinnlichung des in den Theoretischen Schriften entwickelten Gedankens, dass der Künstler die Wirklichkeit in ihre Bestandteile auflöst und im Sinne des Mythos neu ordnet.[9]

Spazierer erhält von einem entfernt Bekannten ein Telegramm mit der Bitte um tausend Mark, ". . . die ihn retten – sonst ist er am Abend tot" (II, 98). Ohne Zögern bekennt er sich zur Verantwortung diesem Mitmenschen gegenüber und bietet der wohlhabenden Lili eine Mappe von Bildern an, um die geforderte Summe zu beschaffen. Aber Lili hat gerade bei einem Juwelier für 2400 Mark Ohrringe bestellt und zeigt sich uninteressiert. Spazierers eindringliche Vorstellungen, sie solle doch mit weniger als der Hälfte dieser Summe ein Menschenleben retten, weist sie kühl ab: "Mich geht das nichts an" (II, 99). Vergeblich versucht der Maler daraufhin von einem "Hafthausleutnant" die Verhaftung Lilis zu erwirken und einen Anwalt zur Anklage auf Mord zu bewegen. Er muss erkennen, dass die Menschen von Gleichgültigkeit und Materialismus regiert werden und ihre erstarrten Institutionen nicht dazu eingerichtet sind, menschlichere Beweggründe zu berücksichtigen. Daraufhin beschliesst der entsetzte Spazierer, "Vorkehrungen" zu treffen, ". . . die allen

---

[8]   E. Schürer, *Georg Kaiser,* S. 97.
[9]   Dies ist der Grund dafür, dass es uns angebracht erscheint, *Hölle Weg Erde* in diesem Zusammenhang mit einiger Ausführlichkeit zu besprechen, obwohl es sich bei diesem Drama nicht eigentlich um ein Künstlerdrama handelt.

dienen" (II, 110): er überfällt den Juwelier, der mit seinem Schmuck Lili von dem Bilderkauf und damit von einer guten Tat abgelenkt hatte, und kommt ins Gefängnis.

Obwohl Spazierer bei seinen Bemühungen im ersten Anlauf erfolglos geblieben ist, geht aber nun in jenen, die er um Hilfe gebeten hatte, eine wahrnehmbare Veränderung vor sich: das ungewöhnliche Verhalten Spazierers hat sie zum Nachdenken über sich angeregt und ihre Lebensgewohnheiten aufgeben lassen. Bei Lili regt sich das Gewissen, der Juwelier erklärt sich schuldig und schliesst seinen Laden, der Anwalt lässt seine Praxis ruhen und beschäftigt sich ausschliesslich mit dem Fall Spazierer, und der Hafthausleutnant nimmt keine Verhaftungen mehr vor. Nach seiner Entlassung sucht Spazierer diese Leute wieder auf und bestärkt sie in ihren Überlegungen. Er belehrt sie darüber, dass nicht in ihrer sogenannten Freiheit, sondern im Hafthaus Verantwortung und Fürsorge herrschten: "Mich hungerte nicht – mich dürstete nicht. Man gab mir zu essen – zu trinken. Man verlangte von mir keine Leistung, die mich vernichtete. Man fühlte sich verantwortlich, einen Menschen zu speisen – zu tränken" (II, 128). Alle schliessen sich ihm daraufhin als ihrem Führer an. Der Juwelier gibt seinen Beruf auf und wird die "Verkündung" ausbreiten: "Es haben sich Umstände ergeben, die von umwälzender Bedeutung sind" (II, 117). Der Anwalt will Spazierers Prozess auf die Menschheit ausweiten: "Die Auseinandersetzung wird öffentliche Angelegenheit" (II, 121). Und auch der Hafthausleutnant erkennt, dass jeder schuldig ist und alle verhaftet werden müssen. Haftsoldaten werden ausgeschickt, aber ohne Haftbefehle und Handschellen. "Die Aufgaben werden ohne Schwierigkeiten durchzuführen sein. Es kommt hier auf die Initiative des einzelnen Mannes an" (II, 124).

Im dritten Akt führt Spazierer einen nicht endenden Menschenstrom über eine Brücke zur Strafanstalt. "Der Umschwung hat sich vollzogen" (II, 133). Die Epoche der freiwilligen Geständnisse aller ist angebrochen. Die Sträflinge bekennen sich schuldig und die Menge bekennt sich schuldig. Das Geständnis reinigt beide. "Aller Strafe ist verbüsst," verkündet Spazierer, "weil einer der andere wird" (II, 136). Und schliesslich ruft er aus: "Ihr seid bestätigt – klug zwischen Wust und Werk! Baut die Schöpfung die ihr seid – im Aufbruch zu euch, wer ihr seid!" (II, 142). Danach geht er in der Menge unter.

So sehen wir hier den Künstler im Zentrum der Menschheit – sie lehrend, sie führend. Er ". . . eröffnet Möglichkeiten eines neuen Menschentums" (IV, 564), wie Kaiser es in seinem "Gespräch mit Karl Marilaun" von 1921 forderte. Als Vorbild ist er den Menschen in ihrer Entwicklung zu sich selbst schon voraus. Als Führer verkündet er ihnen die Idee von einem auf die Nächstenliebe gegründeten neuen Menschentum. Auch die epidemische Wirkung des Künstlers auf die Menschheit, wie Kaiser sie etwa in seinem "Gespräch mit Hermann Kasack" von 1928 forderte, ist hier schon am Beispiel des Malers Spazierer gestaltet. Schliesslich wird mit dem Überfall

Spazierers auf den Juwelier betont, dass der Künstler bei der Verwirklichung seines Auftrags notfalls auch über die bürgerlichen Gesetze hinweggehen muss – ein Gedanke, der in Kaisers Werk wiederholt geäussert wird.

Die Ähnlichkeit des Künstlers mit Christus ist in diesem Stück besonders ausgeprägt. Seine Lehre der Nächstenliebe, seine zwingende Wirkung auf andere Menschen, die schon nach flüchtiger Begegnung mit ihm ihre Lebensgewohnheiten aufgeben und sich ihm wie Jünger anschliessen, um seine Lehre verbreiten zu helfen, erinnern an die Wirkung des Heiligen Geistes. Bezeichnend sind die Worte des Hafthausleutnants über seine Änderung: "Es ist über mich gekommen – ich könnte mir keine Rechenschaft geben, wie es begann" (II, 123). Spazierer selbst wandelt mit der Sicherheit des Geführten, und wie von magischer Macht gelenkt, bewegen sich alle Figuren auf ihn zu. Trotzdem darf der wesentliche Unterschied zur christlichen Lehre nicht übersehen werden. Es geht hier nicht um die Verkündung eines jenseitigen Heils, sondern um die Erneuerung des Menschen in dieser Zeit und in dieser Welt. Der Künstler vollzieht nicht Offenbarung, sondern Mythos.

Wir haben auf die Bedeutung des platonischen Mythos von der ursprünglichen Ganzheit des Menschen für Kaisers Kunstauffassung bereits hingewiesen. Danach war der Mensch ursprünglich ein in das liebende und geliebte Du erweitertes Doppelwesen, das dann von den Göttern getrennt worden war. Das Gebot, in diese ursprüngliche Vollkommenheit zurückzukehren, schuf Kaiser in den Mythen der Erweiterung. So entstand jene mythische Kreisbewegung, in die der Dramatiker die Menschheitsentwicklung gebracht wissen wollte. "Am Ende findet man es nicht – im Anfang steht es da: das Paradies!" (I, 710), liess er den Milliardär am Ende der *Koralle* verkünden. Aus diesen Zusammenhängen ergab sich für Kaiser – wir wir gesehen haben – die Aufgabe, selbst Mythen zu schreiben, Mythen der Zerstörung als Warnung und Mythen der Erweiterung als Aufruf.

Mit der zweiten Art haben wir es in *Hölle Weg Erde* zu tun. Spazierer findet bei dem Versuch, Hilfe zu mobilisieren, eine Welt vor, in der die Einheit menschlicher Gemeinschaft zerrissen ist. So löst er sie in ihre einzelnen Bestandteile auf, er spricht die einzelnen Menschen an und weist sie in die neue Ordnung der Nächstenliebe, die die Vereinzelung des Menschen aufhebt. Lili erfährt den Aufbruch in die Gemeinschaft so: "Mein Kopf brennt. Plötzlich ist Blut wach. Der Mensch tritt aus seinen Ufern. Überflutend wird man selbst Überfluteter" (II, 128). Mit dieser Aufgabe der Individuation durch die Erweiterung ihres Ich in das mitmenschliche Du vollendet Lili in sich den mythischen Kreis der Entwicklung von Einheit in Trennung in Einheit. Dieser Vorgang wird raumsymbolisch unterstrichen, indem Lili am Ende ihrer inneren Wandlung in den goldroten "Rundsalon" (II, 125) im Grand Hotel, wo ihre Erneuerung mit der Aufforderung Spazierers zur rettenden Tat begonnen hatte, zurückkehrt.

Neben der Kreisform hatte die mythische Bewegung nach Kaiser die

Eigentümlichkeit, dass sie sich aus "geringstem Anlass in unermessliche Erweiterung" (IV, 555) vollzieht. Auch diesem Kriterium wird die Handlung in *Hölle Weg Erde* gerecht. Der Vorfall eines Telegramms weitet sich in die Erneuerung der Menschheit aus. Lili spricht es verwundert aus: "Der Anlass gilt nicht. Die Lawine überstülpt ihn. Ein Telegramm — Perlenanhänger: kaum stösst es mit Kinderfingerspitze" (II, 129). Die Tat Spazierers zieht immer weitere Kreise, bis die Frage nach seiner Schuld am Juwelier zur Frage nach der Schuld der Menschen an den Mitmenschen wird. Als sich am Ende alle schuldig bekennen, ist die Einheit aller wiederhergestellt, hat die Menschheit im ganzen die mythische Kreisbewegung zu ihrer ursprünglichen Ganzheit vollzogen. "Wo führen wir hier? " fragt der Hafthausleutnant. Und Spazierer antwortet: "Im Aufbruch das Ziel" (II, 125). Die Menge verschmilzt in ein graues "Gewühl" (II, 139). Auch diese mythische Bewegung der Masse wird raumsymbolisch gestaltet, indem die beiden vorher getrennten Bezirke, Haftanstalt und Aussenwelt, ineinander übergehen.

Auch dieser Künstler geht in die Menschheit auf, aber nicht über den Umweg der leidensvollen geistigen Einseitigkeit und des Selbstopfers. Beides ist nicht nötig, weil dieser Künstler ein "Täter" ist, und weil die Menschheit seinem Beispiel der liebenden Hinwendung zum Nächsten folgt. Die Aufgabe der Individuation und die Erweiterung ins mitmenschliche Du vollziehen nach seinem Beispiel auch alle anderen: "Wie ich in allen vergehe — seid ihr schon Teil von mir — und mitgeteilt!" (II, 143), verkündet Spazierer. So wird er Teil einer Gemeinschaft von Gleichen, ". . . wie Tropfen im Strom rinnt!" (II, 141).

Hatte Kaiser in *Hölle Weg Erde* die Überwindung der Wirklichkeit durch die Idee dargestellt, so zeigt sein Drama *Der Protagonist* von 1920, dass ihm schon bald Zweifel an dem absoluten Wahrheitsgehalt der ekstatischen Wirklichkeit der Kunst gekommen sind. An dem Helden wird die Doppelexistenz des Künstlers anschaulich, sein Leben auf zwei Seinsebenen, der des Künstlers im ästhetisch-geistigen Bereich und der der Person im real-praktischen Bereich. "Ich wäre nicht der Künstler, der ich bin, wenn ich der Lüge auswiche und nicht mit einem Sturz von Lust an ihr mich in jede Verstellung schickte" (V, 727), erklärt der Protagonist seiner Schwester. Dieser Schauspieler identifiziert sich mit jeder Rolle, die er spielt, in einem solchen Grade, dass er dabei seine Person völlig aufgibt: "Spiel steht bevor, das mich täuscht mit irgendwem, der mich um mich selbst betrügt — die Rolle besitzt mich!" (V, 728). Nur der Anblick der geliebten Schwester ermöglicht es dem Helden, Wahrheit und Illusion zu unterscheiden. Aber in der Verwirrung eines plötzlichen Rollentausches ersticht er sie und verfällt in einen Zustand, der ". . . die Unterscheidung zwischen gespieltem und echtem Wahnsinn nicht mehr zulässt" (V, 741). Kaisers Bewertung der Kunst als "Lüge" und "gespielten Wahnsinn" in diesem Drama erinnert an Nietzsches Zweifel an aller Wirklichkeit und an die Worte seines Zarathustra, dass die Dichter zu viel "lügen."[10] Damit aber deutet sich eine Kritik an der Kunst als überlegener Heilsmacht an, die sich in den folgenden Stücken Kaisers noch verstärken sollte.

Mit seiner Verhaftung am 13. Oktober 1920 musste der Dramatiker erleben, wie die bürgerliche Gesellschaft, ganz unbeeindruckt von der Person des Künstlers und seiner Idee, ihren Gesetzen Geltung verschafft. Noch während der Untersuchungshaft entwirft er daraufhin das Drama *Noli me tangere* (1921), indem er eine Fähigkeit zur Selbstkritik beweist, die seine Äusserungen vor Gericht nicht vermuten lassen. In der Forschung besteht Einigkeit darüber, dass dieses Stück als Kaisers Auseinandersetzung mit seinem eigenen Künstlertum zu verstehen ist. Meinungsverschiedenheiten bestehen allerdings darüber, ob es als Bestätigung oder als Korrektur seiner Berufung aufzufassen sei. Während Fritze meint, der "neue Mensch," der bisher das Erlöseramt aus eigener Machtvollkommenheit ausgeübt habe, der Künstler also, erhielte hier "seine ideologische Bestätigung,"[11] sieht Ernst Schürer in diesem Drama vornehmlich einen Akt der Kritik des Verfassers an seinen bisherigen Stücken.[12]

Zunächst sieht es so aus, als ob Fritze recht zu geben sei. Die Künstlerfigur "15" unterscheidet sich durch ihre vornehme Kleidung schon rein äusserlich von den Mitgefangenen. In dem Gespräch mit der Figur "16," an die er gefesselt eingeliefert worden war, bringt "15" zum Ausdruck, dass er sich auserwählt weiss. Er ist von der Grösse seiner Leistung überzeugt und sieht sich als "Vorläufer" (II, 221) der übrigen Menschheit weit voraus. Seine Aussagen über sich selbst beweisen, dass wir es hier mit der Verkörperung jener beiden Künstlertypen zu tun haben, die wir bisher in Kaisers Stücken der expressionistischen Schaffensperiode feststellen konnten. Er ist einmal der einseitig geistige Künstler, der jenseits der Menschheit die einsamen Höhen des Geistes ersteigt: "Einbruch in unbetretenen Bezirk − Versetzung der Grenzen um Meilen und Meilen hinaus − Brücken in neue Unendlichkeit, die kaum Horizont engt − zitternde Stege, die nur mich erst trugen −− nur mich −−!!" (II, 221). Wie Kaisers Sokrates hat nur er den Mut und die Kraft, die Helligkeit des Geistes auszuhalten: "Triumph war glühende Sonne, die ich nur ertrug. Mich versengte der scharfe Strahl nicht −− alle duckten das Haupt und entwichen. Frei stiess ich Stirn nach dem Gestirn − und brannte in meiner Schöpfung!" (II, 221).

Zweitens aber haben wir in "15" auch den schöpferischen Künstler, der ". . . Chaos ballt in Figur und Zeichen" (II, 223). Diese Aussage wiederholt Kaisers Satz "Bindung von Vielheit in Formel" (IV, 581), mit dem der

[10]   Friedrich Nietzsche, *Werke in drei Bänden,* Bd. II, S. 383.
[11]   H. H. Fritze, "Über das Problem der Zivilisation im Schaffen Georg Kaisers," S. 130.
[12]   E. Schürer, *Georg Kaiser,* S. 179.

Dramatiker in den Theoretischen Schriften die Fähigkeit des Dichters bezeichnete, die chaotischen Gegebenheiten der Welt im Sinne des Mythos in der Form seines Werkes neu zu ordnen. "15" sagt von sich: "Ich bin grosse Stimme, die aushallt in der Zeit, die weit dämmert — und Morgen in Zukunft rot macht!" (II, 221). Dieser Künstler protestiert gegen seine Verhaftung genauso, wie Georg Kaiser dann gegen seine eigene vor dem Landgericht in München: die "Misshandlung durch Fessel" zerstöre nicht nur ihn als Person, den "Schöpfer," sondern mit ihm auch "die einmalige Einzigkeit von Unwiederbringlichem" (II, 223).

Alles dieses, die Erhabenheit des Künstlers, seine überragende Geistigkeit und seine einmalige Schöpferkraft, werden nun aber von "16," der Christus-figur verurteilt. Schon den teuren Regenmantel des Künstlers rügt er als Zeichen der Eitelkeit: "Kleidsam hebt es den Träger über den Durchschnitt hinaus. Man betont eindringlich was man darstellt, mit solcher Verhüllung!" (II, 217). Zwar erkennt er die Leistung des Künstler an, aber er bestreitet deren Wert für die Menschheit. Die "vollendete Bildung des Frühen" führe nicht zur Erweckung, sondern ". . . schafft nur tiefere Ermüdung" (II, 223), denn das Ziel — so lautet der Vorwurf — sei zu hoch gesteckt: "Du läufst weg — und entfernst das Ziel und steckst es so weit, dass es unerreichbar erscheint — und ohne Zweck die Verfolgung" (II, 223). Die "Vorlaufenden" (II, 223) hätten eine unübersteigliche Wand zwischen sich und der übrigen Menschheit errichtet, die Vision vom neuen Menschen sei ein "Afterbild" (II, 224). Der Anspruch, den Menschen Führer zu sein, wird ihnen daher rundweg abgesprochen: "Ihr seid nicht berufen — wie keiner dem Rufe näher von Ursprung" (II, 224). Zuletzt offenbart sich die Figur "16" dem erschütterten Künstler als Christus. Und dieser Christus nun verhilft "15" zur Flucht, indem er ihn in seinen Mantel hüllt.

In der Tat ist dieses Stück eine bittere Absage an den Künstler als visionären Seher, der seiner Zeit die Idee eines neuen Menschentums verkündet. Aus der Höhe seiner Idee wird er an die Wirklichkeit, aus dem Geist an das Leben, aus der Einsamkeit in die Gemeinschaft des Durchschnitts, aus der Zukunftsvision in die konkrete Gegenwart verwiesen. Auch dieser Künstler soll "ergriffen" (II, 224) sein, aber nicht von der Vision, sondern von dem Schicksal der Menge. Nicht mehr das Denken, sondern ". . . was vorgeht, verwandelt" (II, 224). Die Christusfigur wirft der Künstlerfigur vor: "Es stachelte dich ein gieriger Sporn" (II, 222). Auch Sokrates hatte im *Geretteten Alkibiades* an diesem Stachel des Geistes festgehalten. Aber immerhin hatte er die Mitmen-schen vor ihm bewahrt. Spazierer aber hatte den Menschen ein Ziel aufgestellt und die Wirklichkeit im Sinne des Mythos neu geordnet. Gerade das aber ver-urteilt Kaiser mit *Noli me tangere* jetzt. Wie Sokrates aus Mitleid die Menschen vor der ihnen unerträglichen Helle der Erkenntnis bewahrt, so verlangt auch die Christusfigur "16," dass der Künstler die Menge durch "Schonung" (II, 225) fördert. Auch er verlangt vom Künstler noch das Opfer, aber nicht das des vollen Lebens, sondern umgekehrt das der Vision. Die Christusfigur will den Mund des Vorläufers "ersticken" (II, 223), das Unwiederholbare "vertilgen" (II, 223).

Haben wir hierin eine radikale Absage an den expressionistischen Künstler zu sehen, so vollzieht sich dann aber doch die erstaunliche Wendung, dass Christus dem Künstler seinen Mantel verleiht. Trotz der Kritik an seinem bisherigen Künstlertum bleibt also seine Grösse erhalten. Und auch das alte Erlösungsmuster, wie wir es aus dem *Geretteten Alkibiades,* der "Erneuerung" und *Hölle Weg Erde* kennen, kehrt wieder, indem der Künstler auch jetzt noch durch seine Selbstaufgabe dem Wohle der Menschheit dient. Allerdings hat sein Aufgehen in die Menge hier insofern eine ganz andere Bedeutung als in *Hölle Weg Erde,* als sich die Masse nicht mehr zum hohen Ideal des Künstlers erhebt, sondern umgekehrt der Künstler in die Menschheit hinabsteigt: "Bei geringsten ein geringer – und doch fördernd mit Schonung das Ganze!" (II, 225). Wenn Spazierer in *Hölle Weg Erde* Christuszüge annimmt, so bedeutet das dort, dass er die Menschheit in seine Reinheit führt und damit erlöst. Wenn hier in *Noli me tangere* die Christusfigur der Künstlerfigur seinen Mantel umhängt, dann bedeutet das Menschwerdung und Selbstopfer, "Untergang ohne Wegspur!" (II, 224).

Wir haben bei der Besprechung von Kaisers Künstlerbild festgestellt, dass der Dramatiker in den Theoretischen Schriften zwei verschiedene Künstlertypen kennt: den Künstler aus der Idee und den Künstler aus der Sinnlichkeit. Der Künstler aus der Idee trennt die künstlerische Tätigkeit vom Leben, vom Erlebnis. "Kunstwillen stabilisiert sich unabhängig vom Objekt," (IV, 581), so hiess es in "Photographie Atelier Riess." Nicht das Leben, sondern der Gedanke steht am Beginn, ist der Antrieb seiner schöpferischen Hervorbringung. Er zieht sich von der als Störung empfundenen Wirklichkeit in den einsamen Bereich ästhetischen Schaffens zurück. Er opfert die Person seinem Künstlertum, er ist der Dramendenker, der unermüdlich von Werk zu Werk in neue Bereiche des Geistes vordringt. Diesen Künstlertyp gestaltet Kaiser an dem Dichter Musset in seinem Drama *Die Flucht nach Venedig* (1922).

Musset ist vor dem literarischen Betrieb in Paris und seiner turbulenten Liebschaft mit George Sand nach Venedig geflohen. "Lärm stört, Licht stört – ehe nicht das Mindestmass an Störung erreicht ist – – etwas stört immer" – – (II, 237). Er schüttet das Haar der Sand, das sein Bruder ihm überbringt, in den Kanal und bemerkt: "Es könnte den Dichter Musset von seiner Aufgabe ablenken – der Dichter Musset hat sich wieder in seine Provinzen eingesetzt" – (II, 237). Auch die Kanäle um seine Wohnung schützen diese Provinzen vor der Störung durch die Aussenwelt und die Vergangenheit.

Die Trennung von Kunst und Leben ist vollzogen: "Der Mensch Musset ist gestorben – der Dichter Musset auferstanden atmend" (II, 234). Nicht Erleben treibt ihn zum Dichten, sondern "Inspiration" (II, 234). "Kein Plan bleibt ohne Gestaltung. Mit ruhiger Prozession ziehen alle Entwürfe – ohne sich zu bedrängen – in meinem Kopf und sind Form, die gleich endgültig besteht. Kein Schaffen kann müheloser und glückvoller geschehen" (II, 234). Diesem Bestreben, die Kunst vom Erlebnis freizuhalten, hatte die Sand in Paris zuwider gehandelt, indem sich ihr ihre Liebe zu Musset und anderen zu literarischem Stoff formte. Musset wirft es ihr bei ihrer Wiederbegegnung vor: "Was in Verzückung mich stumm machte und mir die Feder aus der Hand schlug wie ein giftiges Messer, das wurde dir Gegenstand sorgfältiger Feilung für ein Stück! – Der Autor schöpfte aus dem Leben und erschloss neues Seelengebiet!" (II, 244). Mussets Flucht bedeutet also nicht die Ablehnung des Lebens an sich, sondern die Rettung der Kunst vor dem Einfluss durch das Leben, nachdem die Rettung des Lebens vor der Ausbeutung durch die Kunst misslungen war. Die Sand hatte ihm die "einzige Keuschheit des Erlebens" (II, 243) verdorben, so floh er in die Keuschheit der Kunst.

Wir haben bei der Besprechung über Kaisers Bewertung des eigenen Künstlertums festgestellt, dass er selbst wenigstens zeitweise diesem Künstlertyp entsprach. Er war, wie wir feststellen konnten, im grossen und ganzen kein Erlebnisdichter, sondern sah sich auserwählt, die "Ewigkeit der Idee"[13] in der künstlerischen Form sichtbar zu machen. Immer wieder zeigte sich gerade in Kaiser selbst die Tendenz, sich aus dem störenden Alltag in die künstlerische Tätigkeit als eines wirklichkeitsfreien Raumes zurückzuziehen. Mussets Bemerkung: "Streiche das Leben aus – und du bist ganz bei dir" (II, 234), wie schon Vehgesacks Worte: "Ich muss allein sein – um ich zu sein!" (I, 65), entsprechen jenen Äusserungen Georg Kaisers in den Theoretischen Schriften, in denen er von seinem Bemühen spricht, zwischen sein Denken und das alltägliche Geschehen Distanz zu legen. Wir sahen dann aber, dass Kaiser sich um 1920 mit aller Leidenschaft aus dieser lebensfernen Geistbezogenheit zu lösen versuchte. Er schien nicht mehr bereit, sein Künstlertum mit Lebensschwäche zu bezahlen, die "Krankheit" der Einseitigkeit als kunstschaffendes Vermögen zu akzeptieren, die "Verstümmelung" seines Erlebnisses hinzunehmen. Diese Absage an den Ideendichter in sich, die wir ja auch schon in dem Stück *Noli me tangere* feststellen konnten, gestaltet Kaiser nun hier in der *Flucht nach Venedig* so, dass er dem morbiden Musset die vollkommene George Sand gegenüberstellt.

Die Sand stellt den zweiten Typ des Künstlers bei Georg Kaiser dar, der in den Theoretischen Schriften als Künstler aus der Sinnlichkeit beschrieben wird. "Der Dichter ist nicht lebensfremd" (IV, 573), betonte Kaiser dort. Die Dichtung war ihm "Ausbruch von Sinnlichkeit" (IV, 587), der Dichter "die kräftigste Art Mensch" (IV, 573). Antrieb der schöpferischen Tätigkeit war nicht die Idee, sondern das "Blut" (IV, 587), das sich in dieser Art Künstler dann – wie wir gesehen haben – mit dem Gedanken zum Prozess des

---

[13]   In einem undatierten Brief Georg Kaisers an Blanche Dergan (Abschrift GKA).

dichterischen Schaffens verband. Die künstlerische Form war die Synthese beider. Kaiser bezeichnete diesen Vorgang in seinem Aufsatz "Die Sinnlichkeit des Gedankens" als "Erotik" (IV, 587). Der Künstler war der "anspruchsvoll Liebende," der die Form "gebiert" (IV, 587). Und wir haben darauf hingewiesen, dass sich auf diese Weise der erhoffte Erneuerungsprozess des Menschen bereits im tatsächlichen Vorgang künstlerischer Hervorbringung vollzog. Der liebenden Vereinigung von Mann und Frau, die das im platonischen Mythos beschriebene mann-weibliche Geschlecht, den ursprünglich vollkommenen Menschen, wiederherstellt, entspricht der Dichter durch die Vereinigung von Sinnlichkeit und Gedanken in der Kunst. Dieser Dichter ist nicht der "blutschwache" (IV, 587) Dramendenker, der aus der "Leere von Erleben" (IV, 553) produktiv wird, sondern der "heute vollendbarste Typus Mensch" (IV, 573), der Leben und Geist, Blut und Gedanken zur Einheit seines Werkes verbindet.

Ein solcher Künstlertyp ist George Sand. Ihr künstlerisches Vermögen erwächst aus der Sinnlichkeit, aus dem Erlebnis. Darin liegt ihr Genie. Freyhans Vorwurf, Kaiser komme in diesem Stück ". . . über einen Dualismus zwischen Wort und Leben nicht hinaus,"[14] ist nicht gerechtfertigt. Als Musset George Sand vorwirft, sie sei ein "trauriges Fischwesen" (II, 243), das allem ihrem Erleben immer auch zugleich Zuschauer sein müsse, beweist sie sich und ihm, dass sie durchaus in der Lage ist, unreflektiert zu erleben, indem sie sich dem italienischen Arzt hingibt. Triumphierend erklärt sie danach: "Ich habe genossen, was das Leben lebendig macht: Untergang in Empfindung, die mit *einem* Erlebnis den ganzen Menschen besitzt" (II, 267). Lewins Behauptung, der Sand sei "die unmittelbare Erlebnisfähigkeit versagt,"[15] trifft also nicht zu. Ihr Problem liegt vielmehr darin, dass ihre Erlebnisfähigkeit nicht anhält. Denn auch diesmal formt sich ihr, wie Musset ihr bald nachweisen kann, die Beziehung zu dem jungen Italiener unwillkürlich in Literatur um.

Diesen Vorgang des Umschlagens der Sinnlichkeit in den Gedanken aber hat Kaiser in seinem Aufsatz "Die Sinnlichkeit des Gedankens" als dialektischen Prozess künstlerischer Hervorbringung beschrieben: "Den Willen zur Vitalität — mit seiner Steigerung zur tüchtigsten Energie, die den Gedanken kreiert — präsentiert klipp und klar der Künstler (von heute). Er gebiert die Form — nach ungeheurer Empfängnis. Die Empfängnis geht voraus. Ein Blutvorgang — bewegt von der Lust zu denken. Das Blut bebt denkend. Es gibt keine Kälte des Kopfes. Der Leib denkt — und die mächtige Wucht des Herzschlags treibt zur Bildung. Eines Rades schnellstes Rotieren macht seine Speichen unsichtbar — ganz heiss ist ganz kühl" (IV, 587). Diese dialektische Zweieinheit von heiss und kalt findet sich in Kaisers Dramen *Von morgens bis mitternachts,*

---

[14]   Max Freyhan, *Georg Kaisers Werk* (Berlin, 1926), S. 140.
[15]   L. Lewin, *Die Jagd nach dem Erlebnis: Ein Buch über Georg Kaiser* (Berlin, 1926), S. 169.

Die Bürger von Calais und *Der gerettete Alkibiades* überall dort, wo es um die Darstellung der höchsten Erfüllung des Lebens geht. "Kälte ist Sonne, Sonne ist Kälte" (I, 516), hiess es in *Von morgens bis mitternacht,* "kalt in ihrer Hitze" (I, 562) war die neue Tat, die Eustache de Saint Pierre verkündete, und in der Vision des Sokrates sind ". . . Schnee und Sonne im Bündnis" (I, 812). Mit denselben Gegensatzpaaren in einem charakterisiert nun aber auch Musset die Sand: "Kalt in Glut – und heiss in Frost!" (II, 224). Sie ist in seinen Augen ein "Unmensch" (II, 245), vor dem er mit dem gleichen Entsetzen flieht, wie Alkibiades vor Sokrates in Kaisers *Gerettetem Alkibiades.* Während Sokrates aber ein Übermensch im Geiste war, ist George Sand der ursprünglich vollkommene Mensch des platonischen Mythos. Sie ist ". . . von Herkunft und Ankunft Vollendung" (II, 244). Kuxdorf hat diese Grösse der Sand völlig verkannt, wenn er von ihr als dem "Zerrbild einer Künstlerin"[16] spricht. Gerade in den klagenden Worten Mussets über sie liegt die höchste Auszeichnung im Sinne der Kaiserschen Lebens- und Kunstauffassung. Über das künstlerische Gesetz sagt er auf George Sand bezogen: "Furchtbar, wenn es sich in einer Frau niederlässt. Dann vermählen sich Ja und Nein einsilbig. Das Chaos oder das Ideal ist geschaffen. Platons Eros wandelt. Der geteilte Mensch – Hälfte Mann und Hälfte Weib – hat sich vereinigt. Die Sehnsucht der Geschlechter gestillt – Frost erfriert die Gewässer! – Dies vollkommene Wesen ist die Sand. Verführerisch schön wie nie eine Frau – Mann in ihrem schöpferischen Geist. Tödlich für uns Halbheiten, die noch begehren – und vom Mann in ihr wie Gimpel erdrosselt werden!" (II, 237).

Der mannweibliche Charakter der Sand wird in dem Stück von Kaiser wiederholt unterstrichen. Als Frau hat sie ein männliches Pseudonym angenommen und tritt mehrfach wechselnd in Männer- und Frauenkleidung auf. Sie wird gleichermassen von Männern und Frauen geliebt. Auch die überragende Kraft des platonischen Doppelwesens ist an ihr zu beobachten. Sie beherrscht alle übrigen Figuren dieses Spiels, niemand kann sich ihrer Ausstrahlungskraft entziehen, Musset bricht vor ihr verzagend zusammen.

Ernst Schürer hat zwar in mancher Beziehung recht, wenn er schreibt, Kaiser habe mit diesem Stück den expressionistischen Dichter kritisiert.[17] Kaiser wendet sich gegen den Ideendichter, es findet keine direkte Verkündung des neuen Menschen mehr statt, überhaupt fehlt der Bezug des Künstlers auf die Menschheit. Auf der anderen Seite ist aber zu bedenken, dass das Ziel der vom expressionistischen Dichter früher propagierten Erneuerung des Menschen, die Wiederherstellung der ursprünglichen Totalität, von der hier verherrlichten Künstlerin George Sand verkörpert wird. Man muss daher feststellen, dass hier endlich ein konkretes Beispiel dessen gegeben wird, was

---

[16] M. Kuxdorf, *Die Suche nach dem Menschen im Drama Georg Kaisers,* S. 112.
[17] E. Schürer, *Georg Kaiser,* S. 180.

Kaiser sich unter dem neuen Menschen vorgestellt hat, eine Tatsache, die von der Forschung bisher übersehen wurde. Bei ihrem Abschied überlässt die Sand ihrem kranken Freund einen Zettel mit der Aufschrift "Das Wort tötet das Leben" (II, 276). Der Satz ist in der kritischen Literatur verschieden bewertet worden. Für Kuxdorf ist er das Urteil der Künstlerin über ihre "Afterkunst,"[18] für Königsgarten bezeichnet er ihre ". . . Tragik — und die Tragik des Geistes überhaupt."[19] Dass Kaiser diese Bemerkung an den Schluss dieses Dramas gesetzt hat, erleichtert nicht sein Verständnis, zumal Musset sie als Wahrheit und Lüge zugleich bezeichnet: "Nur mit der grössten Lüge bist du aufrichtig!" (II, 276). Nun hat Nietzsche in seinem Nachlass der Achtzigerjahre einen Gedanken über den Künstler geäussert, der als Motto über Kaisers Stück stehen könnte und das Verständnis seines strittigen Schlussatzes erleichtern kann: "Künstler sind nicht die Menschen der grossen Leidenschaft, was sie uns und sich auch vorreden mögen. Und das aus zwei Gründen: es fehlt ihnen die Scham vor sich selber (sie sehen sich zu, indem sie leben; sie lauern sich auf, sie sind zu neugierig) und es fehlt ihnen auch die Scham vor der grossen Leidenschaft (sie beuten sich als Artisten aus). Zweitens aber ihr Vampyr, ihr Talent, missgönnt ihnen meist solche Verschwendung von Kraft, welche Leidenschaft heisst. — Mit einem Talent ist man auch das Opfer seines Talents: man lebt unter dem Vampyrismus seines Talents. Man wird nicht dadurch mit seiner Leidenschaft fertig, dass man sie darstellt, man ist mit ihr fertig, wenn man sie darstellt."[20]

Der erste der beiden von Nietzsche für den Erlebnismangel des Künstlers angeführten Gründe stimmt mit George Sands Ängsten überein, nachdem Musset ihr ihr "Fischwesen" (II, 243) vorgeworfen hatte: "Bin ich in Ereignisse gerissen — hitzen sie zu Glut meines Bluts: springe ich wie weisser Salamander aus der Retorte und starre ins Glas was wird — aus mir, die aussen und innen ist. Skelett und Fleisch in Scheidung. Spuk äfft — ich liege schamlos nackt vor dem Spiegel und kenne nicht, wer echt im Doppelbild!" (II, 247). Der zweite Grund Nietzsches kehrt in der Klage Mussets wieder, er sei das Opfer von George Sands literarischen Neigungen: "Ein Vampyr saugt an meinen Adern, wir geben den Herzschlag her — und bleiben ausgeblutete Schemen!" (II, 236). Diese Worte erinnern an jene Stelle in Kaisers Gerettetem Alkibiades, wo Sokrates die schöpferische Hervorbringung so charakterisiert, dass der Dichter sich seines Lebens in sein Werk "entäussert" und als "versandete Quelle" (I, 790) zurückbleibt. "Man lebt unter dem Vampyrismus seines Talents."[21] hiess es bei Nietzsche. Und in diesem Sinne

---

[18]   M. Kuxdorf, op.cit., S. 113.
[19]   H. F. Königsgarten, "Georg Kaiser, der Dramatiker des Geistes," S. 520.
[20]   Friedrich Nietzsche, *Werke in drei Bänden*, Bd. III, S. 623.
[21]   Friedrich Nietzsche, op.cit., Bd. III, S. 623.

nimmt denn auch Mussets Bruder die Sand in Schutz: "Gehorcht sie nicht so nur dem grossen künstlerischen Gesetz? " (II, 236). Nun bezieht sich aber Mussets Klage nicht auf ein Selbstopfer der Sand, sondern die Tatsache, dass sie ihn, Musset, ihrem Werk geopfert, ihm das Blut aus den Adern gesogen habe. Kaiser hat diesen Vorgang, dass ein Künstler nicht sein Leben, sondern das eines anderen seinem Werk opfert auch in seinem bereits erwähnten Stück *Der Protagonist* gestaltet, wo die geliebte Schwester der Verwandlungskunst des Helden zum Opfer fällt. Auf Musset angewandt sind also Georges Abschiedsworte, das Wort töte das Leben, durchaus wahr. Er bleibt krank in Venedig zurück. Für die Sand selbst aber ist ihr Wort wahr und unwahr zugleich. Gewiss, sie muss erleben, dass sich ihr auch jetzt in Venedig noch Erleben unwillkürlich in Literatur umsetzt, und dass sie in dem Moment mit der Leidenschaft – wie Nietzsche schreibt – "fertig"[22] ist, indem sie sie darstellt. Aber andererseits beweist sie auch, dass sie von dem Gedanken wieder ins Erleben umspringen kann: "Ein Sprung setzt über – beflügelt von Liebe. Wer zögert, entkräftet das Wunder. Ich liebe – und ich kenne nicht mehr, wer neben mir lebt und stirbt. Was sind Gesichter von gestern? Vergangen!" (II, 266). Sie ist also nicht in der Lage des einseitig geistigen Künstlers, der sein Leben dem Werk opfert und als eine "versandete Quelle" zurückbleibt. Denn es gelingt ihr immer aufs neue, den Quell ihrer künstlerischen Hervorbringung aus dem Erleben mit anderen zu speisen. Wir haben hier also den Fall, dass der Vampyrismus im Künstler, der Vorgang, dass dem Werk ein Opfer an Leben gebracht wird, sich in diesem Stück nicht mehr gegen den Künstler selbst richtet, sondern gegen andere. Das Opfer Sokrates' wird rückgängig gemacht: während der geistige Künstlertyp im Selbstopfer Leben an die anderen abgab und seine Verkümmerung akzeptierte, nimmt der sinnliche Künstlertyp jetzt im Opfer anderer Leben in sich auf und wird so vollkommen. Damit wird der Künstler zum Parasiten, von dem Sokel schreibt: "His career proceeds over human ruins, and the beauty of his work is like the iridescent effects of putrefaction."[23] Er wird der "unmenschliche Mensch" (II, 274), als den Musset ihn halb ängstlich, halb bewundernd bezeichnet; aber eben auch der "Genius" (II, 274), ein Wesen, das sich vor den gewöhnlichen "Halbheiten" (II, 237) durch seine Vollkommenheit aus- zeichnet.

Rechtfertigung und Anspruch

Die Probleme des Künstlertums, wie Kaiser sie an den Künstlerfiguren seiner expressionistischen Dramen zur Anschauung gebracht hatte, ergaben sich –

---

[22] Friedrich Nietzsche, op.cit., Bd. III, S. 623.
[23] W. H. Sokel, *The writer in extremis,* S. 128.

wie wir gesehen haben — zunächst aus der abstrakten Position des Ideendichters und der Verkündung des neuen Menschentums. Nachdem Kaiser dann aber in den letzten Stücken jener Schaffensperiode die Wirklichkeit anerkannt, den Nutzen der Verkündung infrage gestellt und die Vollkommenheit im Künstler selbst hergestellt hatte, schien die Frage nach der Seinsweise des Künstlers für den Dramatiker vorerst erledigt. Jedenfalls entstand während der folgenden elf Jahre kein Künstlerdrama. Nur mit der Dichterfigur Ernst Olliers in dem Lustspiel *Papiermühle* (1926) wird noch einmal der Wert des Erlebnisses für das künstlerische Schaffen hervorgehoben. Sonst geht es in diesem Stück aber nicht um das Künstlertum Olliers, sondern um die Abwertung der Kritik, die dem Werk Kaisers den Erlebnischarakter abgesprochen hatte.

Erst als 1933 mit der nationalsozialistischen Machtergreifung der Wert und die Existenz Georg Kaisers infrage gestellt wurden, setzt in seinen Stücken erneut die Diskussion um den Künstler und seine Stellung in der menschlichen Gemeinschaft ein. Wolfgang Paulsen hat die politische und ideelle Zurückhaltung in den Kaiserschen Dramen aus der Zeit zwischen 1933 und 1938 damit erklärt, dass Kaiser auf die Aufhebung des Spielverbots seiner Stücke hoffte,[24] und also Dramen schrieb, die der Zensur keine Angriffsflächen bieten würden. Nur so ist zu erklären, dass der Bildhauer Glynn in Kaisers Komödie *Das Los des Ossian Balvesen* (1934), die erste Künstlerfigur dieser Periode, als Muster biederer Bürgerlichkeit erscheint. Offenbar ging es Kaiser hier darum, die Künstler vor den Vorwürfen der nationalsozialistischen Propaganda, sie seien zügellose, ordnungszersetzende, staatsfeindliche Parasiten, in Schutz zu nehmen. Nie sonst hat Kaiser sich der Obrigkeit so angepasst, nie sich selbst so verleugnet wie hier.

Glynns Ausspruch "Ordnung muss sein" (VI, 41) ist gleichsam das Lebensmotto dieses Künstlers. Sparsamkeit, Fleiss, Nüchternheit, Ehrlichkeit, Treue, Pflichterfüllung und handwerkliche Redlichkeit zeichnen ihn aus. Der Lotteriegewinn, auf den eigentlich er als Käufer des Loses Anspruch hat, und der ihn zum Millionär gemacht hätte, lässt ihn völlig kalt. Willig tritt er das Los an den fassungslosen Balvesen ab, der es vierundzwanzig Jahre lang vor ihm besessen hatte. Überhaupt hatte Glynn das Los, wie er versichert, nicht gekauft, um zu gewinnen, sondern aus Mitleid mit dem Händler Wilas. Balvesen missversteht Glynn, wenn er vermutet: "Als phantasierender Künstler schweben sie über der Erde mit ihrem Rechnen nach Geld und Geldeswert? " (VI, 36). Glynn ist nämlich das genaue Gegenteil eines weltentrückten Phantasten. Jahraus, jahrein schnitzt er Holzpuppen, bemalt ihre Gesichter, näht ihnen Kleider. "Das schaffe ich alles mit keiner fremden Hilfe. Auch das Holz besorge ich mir selber aus den Wäldern" (VI, 36). Diese

[24]   W. Paulsen, "Georg Kaiser im expressionistischen Raum," S. 292.

Autonomie und Werktätigkeit ist das Ethos dieses Künstlers. Sein Gewinn ist mässig, er muss mit dem Pfennig rechnen. Er weiss um die Grenzen seiner Fähigkeiten: "Ich bin nicht aufgefordert – vom Genius – mit grossen Werken hervorzutreten" (VI, 37). Der Reichtum, so erklärt er Balvesen, würde ihm weder neue Fähigkeiten vermitteln noch seine Leistungen verbessern. Dass er ohne redliche Arbeit leben und einfach das Geld geniessen könnte, kommt ihm nicht in den Sinn. Er schnitzt lieber Puppen. "Jetzt ist das mein Tun, das ich mit tiefem Ernst betreibe. Denn es ernährt mich. Davon geht was aus. Von seiner Hände Werk sich zu erhalten. Wie spürt ihr denn das Leben, wenn ihr es euch nicht schafft? Woher entspringt das Glücksgefühl zu sein? Aus eures Werkes Mühe" (VI, 37).

Glynn ist Sven, dem jungen Steuermann, verwandt, der das gleiche Ethos lebt und ebenso selbstsicher den Reichtum ablehnt als etwas, was ihm ein Leben aufzwingen würde, das seinem wahren Wesen und seinen Fähigkeiten widerspräche. Statt von einer Luxusjacht zu träumen, beschränkt er sich auf die Laufbahn eines Küstendampferkapitäns. "Das ist mein Gebiet, auf dem ich mich bewähre. Mein Posten in der Welt" (VI, 55/56). Und wie Glynn den alten Balvesen, so bringt Sven dessen Tochter Svea, die zeitweise wie ihr Vater von dem Gedanken an den Reichtum gefesselt wird, dahin, sich für Selbstbescheidung und den ihr bestimmten "Posten in der Welt" zu entscheiden. Diese Übereinstimmung des Künstlers mit dem Steuermann unterstreicht, dass der Bildhauer, anders als die Künstler der expressionistischen Periode nicht den Menschen als überlegenes Wesen vorangestellt, sondern einer der ihren, ja die Verkörperung bürgerlicher Tugend ist.

Tillbergs, des Postdirektos, Lobrede auf Balvesen gilt auch gerade für Glynn: "Es soll in diesem Sinne hier begriffen sein, dass ein Held ist, wer ein Vorbild schafft. So vielfach die Möglichkeiten gegeben sind, so einzigartig bleibt doch das Erlebnis: sich selbst bis an die Grenze seiner Leistungsfähigkeit zu entwickeln und den mitreissenden Schwung den andern zu vermitteln. Das ist heldisches Gebaren – und das Gebiet wo es sich abspielt, spielt dabei die geringste Rolle" (VI, 74). Auch hier finden wir also noch einmal jenes Epidemie-Motiv, das Kaiser schon früher mit der Wirkung des Künstlers verbunden hatte. Glynn ist ein Held, weil er ein Vorbild von Selbstbescheidung und redlicher Arbeit ist und den anderen den mitreissenden Schwung verleiht, sich bis an die Grenze ihrer Leistungsfähigkeit zu entwickeln.

Mit dem Schriftsteller Stefan M. in dem Drama *Agnete* (1935) setzt Kaiser den Künstler wieder in seine Würde ein. Das Geist-Leben-Problem wird weiterentwickelt, und der Dramatiker setzt da neu ein, wo er mit der *Flucht nach Venedig* 1922 aufgehört hatte. Die Absage an die einseitig geistige Position des Ideendichters wird erneuert, nicht aber mit der blossen Hinwendung an das Leben. Vielmehr geht es um eine neue Möglichkeit, Idee und Wirklichkeit miteinander zu versöhnen.

Stefan M. ist der berufene Künstler, "gedrängt vom Trieb" (VI, 144), den er nicht hemmen konnte. Die Arbeit an seinem Werk ist "Dienst" (VI, 147), dem er mit der Bereitschaft zur "Selbstaufopferung" (VI, 147) "priesterlich geweiht" (VI, 147) ist. Aber um den Sinn dieses Dienstes ringt er solange vergeblich, als er "blindlings forschend um des Forschens willen" (VI, 148) in der öden Wüste des Geistes herumirrt: "Ich strebte aufwärts und schritt im Gebirge die letzten Pfade, die noch Halt gewähren. Da ist Geröll. Die Luft wird dünn, dein Atem keucht. Du kletterst weiter; denn es geht noch höher — und nur, weil es noch höhere Höhe als die, die du erklommen, gibt, strebst du hinan. Dir schwindelt längst und aus dem Sinn ist jede Klarheit schon gewichen — leichenblass wankst du der letzten Klippe Abgrund zu, in den du endlich stürzt — zerschmettert Haupt und Hirn: im Nichts der Aufschlag war zu furchtbar!" (VI, 148). Kaiser benutzt hier die gleiche Metaphorik für die Sphäre des Geistes wie im *Geretteten Alkibiades,* wo Sokrates aus dem blühenden Vorstadtgarten in die steinerne Dächerwüste aufgestiegen war.

Während der Künstler in den frühen expressionistischen Dramen Kaisers aber die einseitige Geistigkeit in sich bejaht, weil sie ihn befähigt, die Menschheit vor ihr zu bewahren, wird sie nun in *Agnete* als Irrweg ins Nichts abgelehnt. Was Sokrates aus eigener Erkenntnis und mit seinem Selbstopfer bewirkt, wird Stefan M. von dem Anruf durch das Leben zuteil. Die eisigen Winde des "Nichts" (VI, 148) strichen schon um ihn: "Da rief mich eine Stimme an. Sie hatte nicht den Ton der lauten Warnung, der deine Schritte erschreckt — du zauderst und du bist gerettet. Sie stimmte nur ein schwaches Lärmen an — und doch eindringlich wie kein Schrei das Blut erschüttert: ein Kind rief. Mich. Ich hörte. Denn es war mein Kind" (VI, 148). Das Kind in seinem Hause erinnert Stefan an seine Verpflichtung gegen das Leben. Auf Heinrichs Frage, ob denn das Leben Verkündigung brauche, antwortet er: "Ja Heinrich. Der Irrtum brandet mit Gischt und Trümmern rings. Man muss es sichern" (VI, 148).

Was im *Geretteten Alkibiades* erst als kaum angedeutete und ferne Vision erscheint, die Synthese von Geist und Leben, wird nun in dem Stück *Agnete* von Stefan M. mit seinem Werk vollzogen. Zunächst scheint es so, als habe der Anruf des Kindes Stefan gänzlich aus dem Reich des Geistes heraus und in die Wirklichkeit zurückgebracht. Tatsächlich aber ist nicht Stefan, sondern Heinrich der Vater des Knaben. Stefan hatte also nicht seines "Blutes Stimme" (VI, 148) vernommen, wie er meinte, sondern den Ruf eines Bildnisses, ". . . das nur im Tempelinnern seines Schauens strahlt" (VI, 153), wie Heinrich es ausdrückt. Die Sehbehinderung Stefans ist daher auch gerade im übertragenen Sinne zu verstehen. Er sieht so viel von der Wirklichkeit, dass er der Gefahr entrinnt, sich im Ideenreich zu verlieren. Er sieht aber auch nicht so genau, dass die Wirklichkeit ihn ganz aus dem Ideenreich heraus-ziehen könnte.

"Mir ist der Anblick meiner Umwelt getrübt," erklärt Stefan, "und die Gefahr lag nahe, dass ich das volle Mass verliehener Fähigkeiten zur Flucht verwende. Zur Flucht hinauf. In immer dünnere und kältere Schichten, wo alles stirbt – der Todeshauch der Wesenlosigkeit erbarmungslos vernichtet. Die Flucht im Geiste mündet in den Tod. Ist das der Zweck des Forschens ohne Grenze? Ich war nicht weit von dieser Eiszonengrenze – da rief mir eine Kinderstimme halt zu. Und ich gehorchte. Ich konnte gar nicht anders als dem Befehle folgen, der mir von einem Kind gegeben war. Ich kehrte um und fand das Leben wieder, aus dem ich mich verstossen glaubte" (VI, 85/86). Wüsste Stefan, dass der Knabe nicht sein ist, so würde er diesen Halt, der ihn ans Leben knüpft, verlieren. Der Freund begreift das und verzichtet: "Er soll es nicht entbehren. Hier soll es immer sein – und Stefan helfen, der sonst vom Pfad abirrt und Scharen derer, die ihm folgen wollen, ins brüchige Geröll des wüsten Nichts missleitet!" ––– (VI, 153).

Während George Sand in der *Flucht nach Venedig* sich ganz dem Leben hingab, aus dem ihr Werk dann erwuchs, geht Kaiser mit *Agnete* wieder einen Schritt zurück auf den Ideendichter zu. Mussets und George Sands Positionen, in der *Flucht nach Venedig* antipodisch getrennt, versöhnen sich hier. Stefan erklärt diesen Vorgang mit den Worten: "Das war doch Mahnung und das war Befehl, dass ich ein Kind hatte: nicht mehr den Wüstensand zu sieben – sondern zu sorgen: wie sich Menschensinn und Menschensein verbinden. Ich nenne es: die Bahn zur Wesenhaftigkeit" (VI, 148). Beim künstlerischen Schaffen handelt es sich jetzt also weder um die Überwindung der Wirklichkeit durch die Idee, wie in *Hölle Weg Erde*, noch um die Kapitulation der Idee vor der Wirklichkeit, wie in *Noli me tangere,* sondern um die Versöhnung der Idee ("Menschensinn") mit der Wirklichkeit ("Menschensein") – die Idee wird wesenhaft.

Wie im *Geretteten Alkibiades* steht diese Synthese von Geist und Leben im Zeichen der Liebe, und wie dort wird sie durch einen Knaben versinnbildlicht. Im zweiten Akt des Dramas sagt Stefan "aus tiefster Nachdenklichkeit" (VI, 119) zu Heinrich: "Die Tat von dir – das Wort von mir: reicht es dann nicht zur Wesenhaftigkeit? " (VI, 119). Dieser Gedanke verlebendigt sich am Ende des Stückes in dem Kind. Angestrengt späht Stefan in den Garten hinaus: "Da läuft es in den Garten. Hörst du es? Du siehst es schon. Was ich vernehme, sind erst seine Schritte. Dein Auge hält es schon umfasst. –– Ist es nicht wunderbar, dass ich ihn nicht von Heinrich unterscheiden kann? Als habe ihn die höchste Kraft verwandelt: die Liebe? –– Vollzog sich ein Mysterium der Geburt? Ist dieser Sohn nicht mehr mein Kind? Ergriff ihn Heinrich auch mit seinen stärkren Händen? –– Wird er nun von uns beiden nicht geleitet? –– Unser Sohn? –– Glänzt nicht mächtigste Verheissung auf? –– Erfüllte sie sich schon? " (VI, 163).

So wird der Künstler in diesem Drama erneut zum Förderer der Vollkommenheit im Menschen. Heinrich sieht in ihm einen, dem "Scharen" folgen und der "aller geheimnisvolles Wachsen" (VI, 153) bewirkt. Und es ist wieder die mythische Ganzheit, die den Menschen im Sinnbild des Knaben als "mächtigste Verheissung" (VI, 163) entgegengestreckt wird. Denn die Synthese von Tat und Wort, wie sie sich an dem Kind vollzieht, erfüllt sich auch in Stefans Werk. Über den Anruf des Kindes bemerkt er zu Agnete: "Da war vorgeschrieben: dass Wort und Tat nicht mehr geschieden sein sollten und der Schöpfung Einheit vollendet werde – fugenlos und kühn. Ich hatte wohl begriffen, um was man sich bemühen müsse und forderte das Werk" (VI, 159). So erfüllt Stefan erneut jenen Gedanken, den Kaiser schon in den Theoretischen Schriften um 1925 entwickelt hatte: der Künstler vollzieht mit seinem Werk bereits das, was dann von den Menschen als Erneuerung ihrer ursprünglichen Ganzheit erst in vager Zukunft erhofft wird. Und damit ist auch die Grösse des Künstlers aufs neue beansprucht. Es ist die Ehrfurcht vor seinem Werk, die das Gewebe von Lügen in diesem Stück zu einem Geflecht von Liebe und Opfer werden lässt. Die epidemische Wirkung des Dichters kommt erneut zum Tragen: Stefan führt die Menschen seiner Umgebung in die gleiche opfervolle Liebe, die er seinem Werk widmet, und die für Kaiser das höchste Ethos ist, aus dem Leben und Werk entstehen.

Obwohl Stefans Werk ein Akt der Selbsterfüllung und Selbstvollendung ist, wird es in seiner "Wesenhaftigkeit" auch als Verheissung für die Menschen verstanden. In allen folgenden Künstlerdramen Georg Kaisers wird diese überragende Bedeutung der Kunst für den Menschen und die Verpflichtung der Menschheit gegen den, der sie schafft, hervorgehoben. In dem Drama *Vincent verkauft ein Bild* (1937/38) erklärt der Maler Abel Parr seiner Frau Kate, was seine Kunst für die Menschen leistet. Kunst sei die Vollendung der Schöpfung, so sagt er. "Erst dann ist alle Herrlichkeit von Himmel und von Erde vollkommen, wenn sie dem Menschenauge ganz erschlossen. Wir lehren sehen in unsren Werken. Lasst uns wirken zu eurem Heile" (VI, 198). Auch in Abel brennt die "heilige Flamme" (IV, 180) der Berufung, die ihn zum Werk als dem höchsten Wert in seinem Leben verpflichtet. An ihm droht sich jedoch das Schicksal van Goghs zu wiederholen. "Der hat gelitten – den Kelch bis auf die Neige leeren müssen. Das war ein bittrer Trank, der ihm das Leben braute. Begnadet mit den Gaben der allerhöchsten Künstlerschaft – und so besudelt aus allen Pfützen der Dummheit und Gemeinheit. Zuletzt die Kugel, die seinen Hungerleib zerriss – da hatte er den Hunger für ewig überstanden" (VI, 179). Auch Abel lebt im Elend. Wenn er keine Farben kaufen kann oder verhungert, kann er das Werk, zu dem er berufen ist, nicht vollenden. Abel jedoch weigert sich, die Verhinderung grosser Kunst durch die Menschen hinzunehmen. Er tauscht das Selbstportrait van Goghs, das sich im Besitz eines reichen, kunstkundigen ehemaligen Schulkameraden befindet, heimlich gegen eine von ihm angefertigte Kopie aus und verkauft das Original für vierzigtausend Dollar an eine amerikanische Kunstgalerie. Der Direktor dieser Galerie frohlockt: "Das Meisterstück der Meisterstücke. Das stelle ich aus. Ich – ich – ich, der es auf seinen Knien hält – statt vor ihm auf den Knien zu liegen. Wie alle in die Knie sinken werden, die es ansehn. Ja – es wird dieses Haus zum Tempel, das es bewahrt. Der Strom der Gläubigen wird nicht enden, der vorbeizieht, und alle werden Trost gewinnen, wie die Erschütterung ihn nur austeilt. Jauchzt und weint; denn ihr seid Menschen — besser als zuvor" (VI, 205). So wird die Kunst zum Heiligtum erhoben und ihre Leistung für die Menschen erneut betont. Und der Künstler Abel Parr macht sich schon dadurch verdient, dass er dieses Werk aus dem Billiardzimmer eines unwürdigen Geschäftsmannes herausholt und der Öffentlichkeit zugänglich macht. Ausserdem verschafft er stellvertretend und nachträglich dem Bild van Goghs die öffentliche Bewunderung und Kompensation, die die Zeitgenossen dem grossen Holländer verweigert hatten. "Ich brauchte mich des Erlöses nicht zu schämen," erklärt Abel seinem Freund Buxton. "Hätte Vincent mehr erhandelt? Ich glaube weniger. Oder doch dasselbe. Denn als ich den Verkauf ausführte — da war nicht ich es, der beauftragt war. Vincent selbst sass da und redete. Ich war erloschen und entbrannt zugleich in seinem Wesen und hörte es in meinem Innern flüstern unsäglich mich entzückend: Vincent verkauft ein Bild" (VI, 228). Der Diebstahl wird aber auch als Zweck für das eigene Werk gerechtfertigt. Das versucht Abel Fenwick klar zu machen: "Ich habe es wirklich nicht getan, um an den Gütern des Lebens mehr teilzuhaben. . . . Ich wollte malen können. Weisst du, was die Kunst ist? Der Zwang, der einen Menschen beherrscht, wie keiner auf der Welt. Du kannst ihr nicht entgehn, bist du einmal von ihrem Strahl gesichtet. Jetzt schaffe oder stirb. — — Ich wollte schaffen und nicht sterben. Nicht vom Ungeschaffnen weggerissen werden. Denn ich kann Grosses leisten. Ich weiss es. Doch ich muss leben, um es zu beweisen" (VI, 190). Dieses Bekenntnis zum eigenen Werk ist aber auch Bekenntnis zur Kunst überhaupt. Abel handelt nicht in erster Linie für sich als Person, sondern für die Kunst. Und deshalb möchte er sich bei seiner Handlungsweise auch als Helfer aller Künstler verstehen. "Ich habe doch das Leiden verringern wollen, das in der Welt bei denen ist, die schaffen. Die den Auftrag haben, die Schöpfung zu vollenden" (VI, 198), erklärt er Kate.

In diesem Drama ist die Konfrontation von Künstler und Bourgeoisie erneut so dargestellt wie im Frühwerk. Fenwick und seine Freundin Blanche Divonne schätzen die Kunst in einer Weise ein, wie Kaiser sie sein Leben lang verabscheute, als materielle Grösse und als Mittel zur Unterhaltung. Für Fenwick ist van Goghs Gemälde allein Status-Symbol. Für Blanche soll die Kunst ". . . erheitern — die Schattenseiten des Lebens übertünchen" (VI, 173). Von Seiten Fenwicks droht Abel die grösste Gefahr. Mit der gleichen Sicherheit aber wie Barin in Kaisers früher Komödie *Die Sorina* weiss er sich dessen "Dummheit und Gemeinheit" (VI, 179) zunutze zu machen. Der Diebstahl von Farben, zu dem der verarmte Malerfreund Buxton versucht ist, wäre nach Abels Meinung nicht zu verurteilen. Im Gegenteil, erst der Mut dazu würde seine wahre schöpferische Ergriffenheit beweisen, so argumentiert er (VI, 178). So dient, ganz ähnlich wie Kaiser selbst es 1921 vor dem

Landgericht in München für sich in Anspruch genommen hatte, Abels Betrug der Rechtfertigung seiner Grösse.

Gegen Ende des Stückes lebt Abel von dem Erlös des gestohlenen Bildes in Kalifornien und vollendet sein eigenes Gemälde, dessen Wert aus den staunenden Worten Buxtons hervorgeht: "Du schaffst die Welt, die über uns hinaus kreist. Lass' Opfer rauchen. Brandschatze — baue. Aus Asche steigt der Phönix. Lockre die Schwingen ihm. Du — aller Wohltat Übeltäter" (VI, 229). Vor dem menschlichen Gericht ist Abel nun sicher, meint der Freund: "Nicht vor dem Jüngsten Tag ruft dich das Gericht. Dann wird der Ewige dich zu seinen weissen Schafen stellen —" (VI, 230). Abel erscheint zuletzt hoch gen Himmel auf einer Klippe. Kate und Buxton halten sich scheu zurück. "Auf der Klippe kann Abel uns nicht brauchen. Wenn er herabsteigt, sind wir für ihn da. Wir wollen ihn erwarten" (VI, 231).

Hier wird der Künstler erneut auf einen Sockel gestellt, wo er über den gemeinen Menschen thront. Er hat sich erneut aus der störenden Wirklichkeit in erhabene Einsamkeit zurückgezogen. Es ist aber nicht die Einsamkeit des Geistes, in der etwa Sokrates im *Geretteten Alkibiades* sich aufhielt, sondern die der Kunst als einem Heiligtum. Und Leid droht ihm nicht mehr durch Lebensverzicht, sondern durch die "Dummheit und Gemeinheit" (VI, 179) der Mitmenschen, die blind sind gegen das Heil, das ihnen die Kunst verheisst und undankbar gegen den Künstler, der die Kunst hervorbringt. Die Menge lässt der Künstler in Kaisers Dramen daher von jetzt ab nicht mehr an sich herankommen. Nur ein einzelner Mensch hält ihn am Leben fest: die liebende Frau. Hier ist es seine Frau Kate, ohne die Abel nicht leben und schaffen kann: "Der Mensch allein ist ohne Kraft. Von Menschenmenge wird er nur erdrückt. Ein einzelner soll bei ihm sein — die Frau, die liebt" (VI, 198).

Paulsen hat darauf hingewiesen, wie "naiv"[25] Kaisers Verhältnis zur Gesellschaft in diesem Stück erscheint. Man muss es sicher als einen verhaltenen Aufschrei des Dichters gegen das ihm zugefügte Unrecht, als Abwehr gegen eine Umwelt verstehen, die den Anspruch des Künstlers auf Grösse, seine Erhabenheit, seine Leistung, ja sein Leben bedrohte. Hatte Kaiser mit der Figur des Bildhauers Glynn in dem *Los des Ossian Balvesen* sich noch der bürgerlichen Umwelt angepasst, hatte er mit Stefan M. in *Agnete* noch jenseits der bürgerlichen Wirklichkeit die Versöhnung von Idee und Wirklichkeit gestaltet, aber doch schon im Gegensatz zu der politischen "Heilslehre" um ihn herum seine Idee eines neuen Menschentums verheissen, so feindet er jetzt seine Umwelt offen an und erhebt sich aus der bürgerlichen Sphäre in die Höhe der Kunst.

---

[25] W. Paulsen, *Georg Kaiser*, S. 86.

Leid und Erhöhung

Während Abel Parr der Bedrohung durch die Mitwelt noch ausweichen konnte, fällt der Dichter Ernst Hoff in Kaisers *Klawitter* (1939/40) ihr zum Opfer. Hoff weiss sich zum Dichter berufen, sein Leben gilt der Kunst. Wie Kaiser es von sich und anderen Künstlern in den Theoretischen Schriften gefordert hatte, stellt er seine Person gänzlich hinter das Werk zurück. Wenn er nur arbeiten kann, will er auf den finanziellen Gewinn gern verzichten: "Ich muss auch hungern können. Ich muss nur schaffen können!" (VI, 361). Nachdem das Spielverbot über seine Stücke verhängt ist, geht es ihm denn auch weniger um sich als Person, als um die Erhaltung seines Werkes. Der Kunst während der "Tierzeit" (VI, 319) zum Überleben zu verhelfen, betrachtet er als seine "Sendung" (VI, 321), als eine Verpflichtung, die ihn bereit macht, sein Stück "Bogen und Pfeile" unter Verzicht auf Ruhm und Einnahmen dem Lichtspielvorführer Klawitter anzuvertrauen. "Das ist doch gleich, von wem es geschrieben ist," erklärt er seiner Frau Elli. "Nur dass es da ist, ist wichtig. Im Namen aller Kunst ist es geschrieben. Ob der Verfasser nun Ernst Hoff heisst oder — — Klawitter!" (VI, 320). Tatsächlich gelingt es ihm, mit diesem Manöver die nationalsozialistische Theaterzensur, vertreten durch den Regierungsrat Nuckel, zu täuschen. Aber Hoff ist kein Barin oder Abel Parr, die es mit überlegener Sicherheit verstanden, sich die Schwächen ihrer Widersacher zunutze zu machen. Hoff erkennt nicht die Charakterlosigkeit Klawitters, der ihn neben dem versprochenen Anteil am Gewinn noch um seine letzte Stütze, seine Frau Elli, betrügt. Ein "reiner Tor" (VI, 321), wie er ihn in Klawitter zu finden hoffte, ist er selber.

Wir können Kuxdorf nicht zustimmen, wenn er meint, dem Künstler werde in diesem Drama die Aufgabe zugewiesen, an der Überwindung des Tierzu-standes der Menschheit "mitzuwirken."[26] Hoffs Werk sucht nicht die Auseinandersetzung mit der Zeit. Es ist nicht — wie man vermuten könnte — ein versteckter Angriff auf das braune Regime, sondern ". . . mythologisch und ganz aus der Zeit gehoben" (VI, 319). Wie Kaisers letzte Dramen spielt es im antiken Griechenland, und nach allem was wir erfahren, ergeben sich keine Beziehungen zur Gegenwart. Es geht Hoff, wie er mehrfach versichert, eben nicht um die Auseinandersetzung der Kunst mit der Wirklichkeit, sondern allein um die Rettung der Kunst vor dem Zugriff durch die "Tierzeit" (VI, 319). Er wollte, wenn die "Menschenzeit" (VI, 319) wieder einmal anbricht, nicht mit leeren Händen erscheinen: "Hast du denn nichts bewahrt? — fragt die gewaltige Stimme, die dein Gewissen dröhnt. Hast du denn nicht gewusst, dass wieder Menschenzeit wird? Du wusstest es und hast doch nichts geschaffen. Du bist Verräter — Schelme nur die andern. (Nachdrücklich). Von

---

[26] M. Kuxdorf, op.cit., S. 112.

diesem Vorwurf habe ich mich gereinigt" (VI, 319). Ebensowenig hat Kaiser selbst sich in seinem *Klawitter* mit der Wirklichkeit auseinandergesetzt. Der Konflikt baut sich, wie Kändler und Schürer nachgewiesen haben,[27] nicht auf politisch-weltanschaulichen Gegensätzen auf, sondern ergibt sich aus dem privaten Verhältnis zwischen Hoff, Klawitter und Elli und aus Hoffs finanziellen Schwierigkeiten.

Die Forschung hat den *Klawitter* wiederholt als eines der schwächsten Stücke Georg Kaisers hingestellt.[28] Die Schwächen liegen aber weniger in der Form oder der Psychologie der Gestalten. Bedenklich ist vielmehr, dass Kaiser seinem Helden Worte in den Mund legt, die dem Vokabular des Regimes, das er hier angreift, auf fatale Weise nahe kommen. Der Dienst an der Sache zählt auch bei ihm mehr als Person und Leben. Hoff meint überdies, die "Vorsehung" (VI, 321) habe ihn den Namen Klawitter finden lassen. Und immer wieder beschwört er die "deutsche Kunst" (VI, 367). Er will Klawitter den "heiligen Gral der deutschen Kunst" (VI, 321) anvertrauen und mit Elli von seinem letzten Geld ". . . ein Weinglas leeren auf die deutsche Kunst" (VI, 322). Vielleicht sind diese penetrant-patriotischen Töne des *Klawitter,* den Kaiser selbst für eins seiner besten Stücke hielt,[29] auf seine Flucht und die Bitterkeit über das ihm angetane Unrecht zurückzuführen. Vielleicht ging es ihm in erster Linie um die These, dass er, der Künstler, mit seiner Leistung an Kunst ein besserer Deutscher sei, als jene, die ihn vertrieben hatten. Denn zweifellos ist dieses Stück als Auseinandersetzung Kaisers mit seiner Situation während der Verbotszeit zu sehen.[30]

Zwar ist der Dramatiker selbst der Verhaftung entgangen, aber mit der Möglichkeit musste er immerhin rechnen. Und tatsächlich hatte Kaiser 1935 versucht, sein Stück *Das Los des Ossian Balvesen* unter einem Pseudonym zu veröffentlichen. Wichtiger als Übereinstimmungen mit der Handlung des Stückes sind jedoch die mit der inneren Situation Ernst Hoffs und die Frage nach der Motivation seines Schaffens unter dem Verbot. Wie Kaiser es in seinen Briefen aus der Exilzeit beschrieben hatte, entstehen auch Hoffs Werke aus der Intensität der inneren Schaffensglut. "Es ist ein neues Werk in mir

---

[27] K. Kändler, "Georg Kaiser," S. 302; und E. Schürer, *Georg Kaiser,* S. 188.

[28] Wolfgang Paulsen zum Beispiel spricht von "der unglücklichen Komödie *Klawitter"* ("Georg Kaiser im expressionistischen Raum," S. 297).

[29] In einem Brief Georg Kaisers an Cäsar von Arx vom 22. Mai 1940 heisst es: "Nach dem *Klawitter,* der mich technisch und sittlich befriedigt wie keins meiner andern Stückwerke, werde ich nichts mehr schreiben." Zitiert nach B. Kenworthy, *Georg Kaiser,* S. 171.

[30] Diese Meinung vertritt auch Paulsen. Er schreibt: "Nirgendwo sonst ist Kaiser so persönlich geworden wie hier, in keinem anderen Stück finden wir seine eigene Gestalt derart in den Mittelpunkt des Geschehens gerückt" ("Georg Kaiser im expressionistischen Raum," S. 297). Schürer spricht von Ernst Hoff als einem "self-portrait of the author" (*Georg Kaiser,* S. 187).

gereift," gesteht Hoff Klawitter. "Gereift nicht – reifen dauert lange. Wie eine Flamme ist es in mir aufgesprungen. Ich brannte gleich mit allen Fasern meines Wesens lichterloh. Und wenn ich nicht verbrennen will – muss ich es schreiben. Muss die Schöpfung werden – muss diese neue Schöpfungsstunde der Weltzeit zugeteilt sein. Und wer die einzige Sekunde unterschlägt, vergeht sich unentsühnbar. Am Geist!" (VI, 358). Und wie Kaiser es schon in seinem "Bericht vom Drama" 1925 beschrieben hatte, bricht auch Hoff in rastloser Eile von einem fertigen Werk ins nächste auf: "Ich schreibe meine Werke. Werk um Werk – rastlos im Eifer, brennend in Begierde nach neuen Werks Vollendung. Es kommen Nächte, deren Schaffensschauer mich jetzt schon rüttelt. Lass' sie nahn, ich halte jedem Fieber stand" (VI, 367). Wie Hoff nun ein Werk schreibt, das zeitlich und örtlich den Problemen der Gegenwart weit entrückt ist, hatte auch Kaiser während seiner Verbotszeit – wir haben darauf hingewiesen – jede Auseinandersetzung mit Zeitproblemen vermieden. Und wie bei Hoff mag es deshalb während jener Zeit Kaisers Absicht gewesen sein, die Kunst über die chaotische Wirklichkeit hin zu erhalten, um wie jener nicht mit leeren Händen dazustehen, wenn die Welt wieder "rein" (VI, 319) war.

Jetzt, da er sich im Exil befindet, klagt Kaiser mit rücksichtsloser Schärfe die nationalsozialistische Kulturpolitik an. Mag er in seinen Briefen noch zuweilen an die Überwindung der Wirklichkeit durch die Kunst glauben,[31] in seinem Stück selber herrscht blosser Antagonismus: "Es herrscht Kasernenton im stillen Reich der Kunst. Erst einmal strammstehn und zuwarten, bis man gefragt wird. Das ist übertrieben. Gefragt wird niemand – es wird nur befohlen. Befohlen wird, was noch dem Dümmsten eingeht. Sonst könnte es ja nicht befohlen werden. Ein Künstler bist du – willst frei schaffen? Dann weisst du nicht, was Kunst ist. Kunst ist Erholung nach dem Dienst. Und alles ist jetzt Dienst. Wir müssen uns vorbereiten. Wir haben eine Welt zu zerstören – und wer uns in unserer Vorbereitung hemmen will, den killen wir. Triumph des Killens – das ist unser Sieg. Heut noch im eignen Lande – morgen grenzenlos" (VI, 331). Anders als in solchen Stücken wie *Hölle Weg Erde* oder noch – wenn auch verdeckt – in *Agnete,* wird die Verheissung einer neuen Welt durch die Kunst nicht mehr anvisiert. Hoff spricht unbestimmt von "einem Morgen" (VI, 319), an dem die Sonne den "Spuk" (VI, 319) auslöscht. Die "Menschenzeit" (VI, 319), in der sein Werk wieder "sein" (VI, 319) kann, sieht er von anderen Mächten wiederhergestellt. Damit aber ist, was das Verhältnis des Künstlers zu den Mitmenschen angeht, ein entscheidender Schritt getan: War in *Agnete* und *Vincent verkauft ein Bild* der Kunst die Verheissung und die Einwirkung auf die Menschen wenigstens am Rande noch zugesprochen, so erscheint die Beziehung hier zerrissen. Das letzte

---

[31] In Georg Kaisers Brief an Cäsar von Arx vom 22. Mai 1940 heisst es über den *Klawitter:* "Während die Burschen mit den Waffen siegen, habe ich ihnen die furchtbarste Niederlage bereitet" (zitiert nach B. Kenworthy, *Georg Kaiser,* S. 171).

Streben des Künstlers geht allein auf die Kunst, die "einzig und erhaben" (VI, 319) ist.

In Kaisers *Pygmalion* (1943/44) erfüllt sich die Idee, dass der Künstler mit seinem Werk das Leben vermehrt, dass er sich an das Werk hingibt, dass sein Schaffen ein Akt der Zeugung ist, aus dem Leben hervorgeht. Hier wird gleichsam die Traumgrenze durchbrochen, denn anstatt mit seinem Werk indirekt das Leben zu vermehren, zu steigern, indem die Zuschauer, bzw. die Beschauer ihr Leben, davon ergriffen, vervollkommnen, wird das Kunstwerk, die Statue, vom Feuer des Künstlers erwärmt, schon selbst lebendig. Diese Macht aber, Leben zu schaffen, ist Göttermacht. So sieht es Pygmalion. "Bin ich nicht schaffend einem Gotte gleich? " (VI, 523). Athene antwortet bestätigend: "Du bist vermessen – und du bist gerecht. / Dein Werk ergriff dich – das ist göttliche / Bewährung" (VI, 523). Dieses Schöpfertum entspringt zunächst dem Vampyrismus des Künstlers an sich selbst, wie Kaiser es bereits an der Dichterfigur im *Geretteten Alkibiades* dargestellt hatte. Staunend betrachtet Pygmalion seine Steingestalt:

> Unübertroffnes Bild der eignen Sucht,
> die sich in solches Übermass verleibt
> des Widerspiels. Ich bleibe leer zurück
> und habe aller Pulse bebend Leben
> vergabt dem Werk. Selbstsüchtig und selbstlos –
> mit keiner Grenze dieses Übertritts
> von Sein und Nichtsein. So wird dies vollbracht,
> dem wir berufen sind mit Fluch und Segen. (VI, 520)

Anders aber als bei der Dichtergestalt im *Geretteten Alkibiades* geht Pygmalion dann aber doch nichts an Leben verloren, weil die Statue hier nicht auf die Menschen wirkt, sondern sich, lebendig geworden, seinem Schöpfer liebend hingibt.

Doch dieses Glück durch die Kunst ist Pygmalion nur kurze Zeit vergönnt. Das "Menschenvolk" (VI, 524) sorgt bald dafür, dass ihm seine göttliche Begabung nicht nur zum Segen, sondern zugleich zum Fluch wird. Kaiser hat den Menschen seiner Zeit auch mit diesem Drama ein vernichtendes Urteil gesprochen. Schon anfangs urteilt Athene: "Zum Schlamm erniedrigt sich das Menschenvolk / und schmatzt im Schmutz als schmeckt' es eine Speise / von fettstem Wohlgeschmack – sich mästend / sinkt tiefer es in seinen kotgen Sumpf!" –– (VI, 524). Das Bürgertum wird repräsentiert von Konon (Materialismus, Egoismus, Krämergeist, Rücksichtslosigkeit), Korinna (als Besitz begriffene, körperlich-sentimentale Liebe) und Alexias (versteiftes Ehrgefühl). Sie alle sind ohne jedes Kunstverständnis. Ja, sie wehren sich gegen die "Träumer und Liebenden" (VI, 534), da diese ihre Werte, ihr Gewinnstreben bedrohen. So warnt Konon: "unter Raben, / die alle schwarz sind, ist der eine weisse / gefährlicher – er lockt zur Träumerei / und alle Rabenschar kriegt stumpfe Schnäbel, / die nicht mehr hacken – kratzen – plündern!" ––

(VI, 534). So verhindern die Bürger von sich aus, dass die Kunst irgend einen Einfluss auf sie nimmt. Sie akzeptieren sie, wie schon in *Vincent verkauft ein Bild* allein zur Unterhaltung und zu Repräsentationszwecken: "Konon, der Kunst im Haus hat, ist nun mehr / als nur ein reicher Bürger — bald ein Herrscher!" (VI, 540). Auf dem Gerichtsmarkt weiten sich diese Figuren nun zur "Menschenmeute" (VI, 593) aus, wie Pygmalion sie erschrocken nennt — zu jenem schlammigen Ungeheuer, als das Athene die Menge bezeichnet und vor dem der Traum Pygmalion gewarnt hatte. Jetzt brüllt sie aus "runden Raubfischmäulern" (VI, 593) und zerstört den Traum des Künstlers von seinem erfüllenden Glück. Chaire darf nicht leben. "Sie kann nicht beide sein —— dies zu verstehen / ist mir von nun an bitter aufgegeben. / Es sollen Traum und Leben sich nicht einen / zum einz'gen Ring ohn' Anfang und ohn' Ende. / Es greift die Faust nach ihm — und er zerbricht" (VI, 600).

Ist so die Unvereinbarkeit von Kunst und Leben die Schuld der "Herde" (VI, 580) Mensch, so gilt doch auf der anderen Seite auch von Pygmalion, dass ihm die Kunst, sein Werk, von vornherein wichtiger waren als die Mitmenschen. Gewiss, als Athene ihm die Verlebendigung seiner Statue verspricht, gelobt er, nicht nur "Gnadenbilder für die ganze Menschheit" (VI, 526) zu schaffen, sondern er will auch den "Sinn der Menschen" durch seine Kunst "läutern" (VI, 526). Aber das entspringt offenbar nur dem begeisterten Gefühl der Dankbarkeit gegen die Göttin und dem Wunsch, ihr bei *ihrem* Vorhaben, die Menschen zu retten, zu helfen. Denn Pygmalion ist von vornherein ein "Träumender" (VI, 528), der dem "Zwang von Tag und Nacht" (VI, 528) entrückt ist: "Gebieterisch befiehlt ein anderes Gesetz mir" (VI, 528). Er braucht den wirklichkeitsfreien Raum, um zu schaffen, der Alltag kann ihm die Hervorbringung von Kunst nur stören:

Was entsteht denn in dem Lärm
und Durcheinander schiebender Gesichter,
die grinsend den Entwurf im Keim verderben?
Die Herde ist's der Elefanten, die
mit klump'gen Füssen auch dich niedertrampeln —
baust du nicht Mauern auf von Armesdicke
und dreimal Leibeshöhe. Draussen rast
die Herde. (VI, 579/80)

Diese Worte drücken so treffend wie viele andere Bemerkungen in diesem Stück die Verachtung Pygmalions gegen das gemeine Volk und sein eigenes Bewusstsein der Erhabenheit aus. Die Menschen sind für ihn "Fremde — / den Göttern unbekannt in ihrem Nichts!" (VI, 554). Die Blindheit und Verachtung, die er von Konon, Korinna und Alexias erfährt, liefert ihm nur eine zusätzliche Rechtfertigung für seine endgültige Abwendung und das Bewusstsein, dass eine Einwirkung der Kunst auf die Menge nicht mehr möglich ist: "Ich bin getrennt von euch durch hundert Einsamkeiten —, / und wollt' ich

Botschaft euch aus meiner Freude schicken, / gäb es den Strom nicht, der das wicht'ge Holzstück trüge, / drin ich geritzt die Zeichen. Er versandet früher — / und meine Zeichen machen nichts euch kund und klar." —- (VI, 580). Auch wird noch einmal wie in Kaisers eigener Rechtfertigung vor Gericht und in seinen Stücken *Hölle Weg Erde* und *Vincent verkauft ein Bild* die Überzeugung ausgesprochen, dass der Künstler vor Rücksichtslosigkeiten gegen seine Mitmenschen nicht zurückschrecken darf, wenn sein Dienst an der Kunst das erfordert. So rechtfertigt Pygmalion seinen Betrug an Korinna, die ihm gegen sein Liebesversprechen die Werkstatt eingerichtet hatte, mit den Worten: "Und hätt' ich mich im Staub gewälzt vor ihr, / die mir den Zugang in das Reich erschloss — / ich musste nach dem Eintritt sie vergessen, / wie alles, was ich schon vorher vergass" (VI, 580).

Mit Chaire wird Pygmalion die höchste Erfüllung zuteil. War für Abel Parr und Vincent die liebende Frau der "Lebensquell" (VI, 229), der ihnen als Ergänzung ihrer geistigen Existenz unentbehrlich war, so verbinden sich Geist und Leben, Kunst und Wirklichkeit in Chaire auf vollkommene Weise. Begeistert schwärmt Pygmalion:

> Ich werde schaffen — schaffen wie ich nie
> mein Werk zu fördern einst gewähnt, als ich
> der Süchte fremdste — nächste wiederum —
> noch nicht gekostet. Da war Schale ich,
> darin der Trank nur langsam stieg — ein Wein
> aus eigner Kelter — eigner Frucht Erlös.
> Ihm mischt sich nun die letzte Süsse zu,
> die alle Sinne im Geschmack vereint
> der kühnsten Kostung. Jetzt entbrennt mein Haupt,
> in das mein Herz sich hob — und nicht mehr Herz
> ist — nicht mehr Hirn ein fahles Denken lenkt:
> eins ist das andre und im ganzen Kunst,
> die mir sich, wie ein Bach rinnt, spielend formt! (VI, 556/56)

Wie Kaiser es in seinem Aufsatz "Die Sinnlichkeit des Gedankens" beschrieben und an George Sand in der *Flucht nach Venedig* und Stefan M. in *Agnete* dargestellt hatte, vollzieht sich also auch bei Pygmalion im künstlerischen Schaffensprozess die Synthese von Hirn und Herz, als deren Ergebnis das Kunstwerk, die Form entsteht. War schon der Knabe in Kaisers *Agnete* ein Produkt aus Einbildung und Tatsächlichkeit, so ist auch Chaire eines aus Traum und Wirklichkeit, schöpferischem Geist und menschlicher Liebe.

Aber schon bald wird Pygmalion daran erinnert, dass die Menschen solche Vollkommenheit nicht dulden. Nur durch die Rückverwandlung in die Steingestalt kann Athene Chaire davor bewahren, dass das Mädchen von dem "Menschenungeheuer" in den Schlamm gezogen wird. In diesem unverdienten Leidensschicksal wird der Künstler erneut der Christusgestalt verglichen. Schon am Anfang des Stückes, als Pygmalion auf der Verlebendigung seiner Statue besteht, verheisst ihm Athene: "Zu spät ist Warnung. Unheilbar die

Wunde / stimmt sich der Leidschrei an bis an den Himmel, / der widerhallend eignen Lärm verstummt / vor so viel Schicksal, das ein Mensch erlitt / in der Erlösertat für alle Menschen" –––– (VI, 526/27). Mit der grössten Verbitterung nimmt Pygmalion am Ende die "blut'gen Male" (VI, 600) an. Athene tröstet ihn mit der Verheissung, ". . . dass göttlich Leiden nun dein reichster Schatz wird" (VI, 579). Und so ist der Künstler gezwungen, die schmerzende Einseitigkeit, der Kaisers Künstlerfiguren seit George Sand zu entkommen versuchten, erneut auf sich zu nehmen.

Kuxdorf hat behauptet, Korinna habe Pygmalion am Ende in eine "kunstfremde Welt der Bürgerlichkeit" gezogen. "Nicht nur als Künstler, sondern auch als Erneuerer und Läuterer geht er verloren. Seine Kunst ist an der Masse gescheitert."[32] Wir können dem nicht zustimmen. Nicht der Künstler – nur die Prämisse seines Schaffens ändert sich. Hatte er gehofft, aus der seligen Vollkommenheit heraus zu arbeiten, so muss er nun seine Gebundenheit an die fragmentarische Wirklichkeit akzeptieren. Aufs neue ist die Situation gegeben, dass Kunst aus Verkümmerung und Leid entsteht.[33] Es ist aber höchst bezeichnend für Kaisers Kunstauffassung im Spätwerk, dass es nicht die Einseitigkeit des Geistes ist, an der der Künstler leidet, sondern die des Lebens. Nur darin entspricht dieser Tatbestand der abstrakten Position der expressionistischen Periode, dass auch hier wieder Kunst aus der Sehnsucht nach Vollkommenheit entsteht, dass Einseitigkeit und Leiden im Künstler die Voraussetzungen schöpferischer Hervorbringung sind. Ahnend spricht Pygmalion in sich hinein: "Willst du Wunden heilen mit / Werk und Werk? –– sind Wunden solche Beete, / aus denen jene Purpurrosen blühn, / die blut'ge Blätter tragen? –– So entspriessen / aus blutiger Verwundung meiner Rosen, / die farbiger die andern übertreffen – / der Schöpfung tief gehütetes Geheimnis. –– / Bin ich ihm nah? " (VI, 601). Wie Christus am Kreuz das ihm zugedachte Leid mit einem letzten Protest endet, so schliesst auch dieser Monolog mit einem Aufschrei über das ihm bestimmte Schicksal: "Und die Blutspur zeigt / dich den Verfolgern an, die deine Werke wittern / als gute Beute nach gelungnem Handel? –– / Wo bleibt ihr – seid ihr noch nicht aufgebrochen / um euch zu holen, was euch doch gehört: / Pygmalion in Blut und Schmerz und Leid? " (VI, 601).

Dieses Drama ist ein verstärktes Bekenntnis Kaisers zur Kunst, das mit der verstärkten Ablehnung der Mitmenschen einhergeht. Pygmalion vollzieht, was schon Ernst Hoff in *Klawitter* festgestellt hatte: "Die Wölfe heulen und die

---

[32] M. Kuxdorf, op.cit., S. 104.

[33] In diesem Sinne argumentiert auch Ernst Schürer, wenn er über Pygmalion schreibt: "He is now convinced that his works do not spring from happiness but from suffering. Indeed, during his period of happiness with Chaire, Pygmalion does not work. . . . Only after he has lost Chaire does Pygmalion return to his artistic calling" (*Georg Kaiser,* S. 189).

Musen flüchten" (VI, 331). An Cäsar von Arx schrieb der Dramatiker am 27. Februar 1944: "In Pygmalion habe ich alles gesagt, was ich noch zu sagen hatte. Ich glaube, ich habe für uns alle gesprochen — wohl noch niemals wurde der geschändete Künstler so leidenschaftlich und so gerecht verteidigt wie aus der Kraft meines Zorns und meiner Kunst. Das Werk ist mein Vermächtnis an die Welt, die nun einen Grund zur Schamröte mehr hat."[34]

Schürer hat recht, wenn er schreibt, Kaiser habe in seinem *Bellerophon* (1944) das Thema von der Einsamkeit des Künstler bis in sein logisches Extrem geführt.[35] Wurde im *Pygmalion* die Macht der "Menschenmeute" (VI, 593) über die Person des Künstlers noch anerkannt, das Leid als Opfer für das Werk noch einmal angenommen, so wird Bellerophon nun durch den Eingriff der Götter vor dem niedrigen "Gewimmel" (VI, 681) gerettet. Im "einsamen Verein der Ewigkeit" (VI, 681) verbindet sich der reine, auserwählte Jüngling mit der geliebten Myrtis zum jüngsten, unverlöschlichen Stern am Götterhimmel. Als solcher mag er der "Herde" (VI, 681) zwar noch leuchten, er ist ihr aber andererseits unerreichbar geworden.

Doch das war nur ein schöner Traum, die letzte, utopische Konsequenz einer Polarität von Kunst und Wirklichkeit, wie sie bei Kaiser von vornherein angelegt und dann seit dem *Klawitter* das Schicksal des Künstlers vornehmlich ausmachte. Die Dramenskizze "Eine Art Faust," die Kaiser im Mai 1944 dem *Bellerophon* folgen liess, zeigt, dass der Dramatiker sich doch eher in der Situation Pygmalions sah. Der Dramenplan ist so angelegt, dass in drei gleichgebauten Teilen jeweils ein grosser Einzelner die Menschheit ins Paradies zurückzuführen versucht. Gott jedoch hatte die Menschen längst endgültig verdammt und will sich das Paradies von diesem "Gesindel"[36] nicht mehr beschmutzen lassen. Er verfolgt daher jene drei Einzelnen, die "diesen Menschenschmutz"[37] heranführen, mit abschreckenden Strafen. Der erste dieser drei Grossen ist Jesus, der zweite Vincent van Gogh, der dritte "Georg." Auch ihm verkündet Gott mit masslosem Zorn: "Auch diesen werde ich grausam vernichten, damit es nie wieder ein Mensch wage, mir mein Paradies mit diesem elenden Menschenpack zu besudeln!"[38] Die Skizze schliesst mit der Bemerkung: "Und dieser Georg wird vom Militarismus, den er als Übel erkannte, zermalmt. (Und dann folgt eine Art Monographie.)"[39]

*

---

[34] Brief Georg Kaisers an Cäsar von Arx vom 27. Februar 1944, zitiert nach R. Adolph, "Georg Kaisers Exilschaffen," S. 61.
[35] E. Schürer, *Georg Kaiser*, S. 191.
[36] *Faust: Eine Anthologie*, Hrsg. E. Midell und H. Henning, Bd. II S. 274.
[37] Op.cit., S. 274.
[38] Op.cit., S. 275.
[39] Op.cit., S. 275.

Kuxdorfs Behauptung, der Künstler in Kaisers Werk stehe "als Aussenseiter und Fremdling einer unverständigen Gesellschaft" gegenüber,[40] ist in ihrer verallgemeindernden Form genauso falsch wie seine Feststellung, dass Kaisers Künstler "an der leidvollen Weltwirklichkeit scheitern muss."[41] Es treten in Kaisers Stücken durchaus auch Künstler auf, die sich in der Gesellschaft zurechtfinden, die Teil der menschlichen Gemeinschaft sind und sich in der Wirklichkeit behaupten. Barin etwa gehört zu ihnen, Spazierer, George Sand und Glynn. Wenn wir die Reihe der Künstlergestalten noch einmal in dem Nacheinander ihres Auftretens überblicken, dann ergibt sich eine deutliche und für das Schaffen Georg Kaisers aufschlussreiche Entwicklung.

Schon im Frühwerk werden alle Hauptprobleme im Dasein des Künstlers, wie sie sich später in den Theoretischen Schriften und Briefen finden, angesprochen: das Geist-Leben-Problem, die Animosität zwischen Künstler und Bürgertum, die Grösse des Künstlers und die Frage nach seiner Einwirkung auf die Menschen. Aber es fehlt noch die übergeordnete Idee des neuen Menschentums, der Künstler hat noch nicht die abstrakte Position bezogen wie in der späteren expressionistischen Schaffensperiode. Wenn sich auch bei ihm der schöpferische Akt im Bereich der Einsamkeit vollzieht, so geht das Werk doch aus dem konkreten Erlebnis hervor. Als Person versteht es der Künstler hier, sich im Bereich der Realitäten durchzusetzen. Und wo er sich der bürgerlichen Umgebung als überlegen erweist, so tut er das doch durchaus noch als Teil der Gesellschaft: Vehgesack braucht den Verleger Sochaczewer, um sein Buch zu veröffentlichen, Barin benutzt Barssukoff, um berühmt zu werden und Marius Madsen braucht Karen, eine Stube und ein Klavier, um seine Symphonie zu schreiben.

Mit der Vision vom neuen Menschen und der Berufung des Künstlers, zur Erneuerung des Menschen beizutragen, bekommt der Künstler in Kaisers expressionistischen Dramen ein neues Verhältnis zu seinem Werk, zum Leben und zur Gesellschaft. Sein Künstlertum wird Dienst, sein Erlebnisgrund die Idee und sein Publikum nicht mehr die Bürger, sondern die Menschheit. Die Künstlerfiguren der Frühzeit wollten auch als Personen ihre Wünsche befriedigen. Barins Doppelexistenz ist typisch: unter dem Pseudonym "Barssukoff" will er schreiben, als Barin aber will er leben und die Freuden, die das Leben schenkt, geniessen. In der expressionistischen Zeit aber nun gewinnt das Künstlertum als Dienst an der Idee die ausschliessliche Herrschaft über die Person des Künstlers. Er opfert die Person dem Werk. Geist und Leben, während der Frühzeit in der Gestalt des Künstlers noch vereint, treten jetzt auseinander, wobei der Künstler jetzt den einsamen Weg des Geistes beschreitet. Dieser Weg führt ihn weit über den gesellschaftlichen Zusammen-

---

[40] M. Kuxdorf, op.cit., S. 102.
[41] M. Kuxdorf, op.cit., S. 116.

hang hinaus. Aber gerade dort kann er einsehen, was der Menschheit nützt und kann zu ihrem Nutzen schalten. Sokrates wirkt stellvertretend, die Menge ahnt nicht, wovor er sie bewahrt. Durch diese Leistung erfährt die Kunst und der Künstler eine ethische Bestätigung. Seine Einseitigkeit ist nicht erlittenes Schicksal, sondern freiwilliges Opfer.

Es ergibt sich die paradoxe Situation, dass der Künstler, der sein Schaffen hier letztlich als Dienst an der Menschheit versteht, sich auf dem Weg in die Geistigkeit von dieser menschlichen Gemeinschaft immer weiter entfernt. Nicht nur die geistige Einseitigkeit, sondern auch diese zunehmende Entfernung von den Menschen ist dem Künstler schmerzlich. Und nur im Moment des Selbstopfers kann er sich von diesem Schmerz erlösen. Sokrates lässt sich, nachdem er den Giftbecher geleert hat, den Dorn ausziehen. Der Seher in der "Erneuerung" verschmilzt, indem er sein Blut für sie vergiesst, mit der Gesamtheit, die ihm ohne dieses Opfer die Gemeinschaft verwehrt hatte. Den Weg der direkten Einwirkung geht Spazierer, aber auch er geht in die Menge unter, indem er sie zur Nächstenliebe erzieht und so die mythische Einheit der Menschen herstellt.

Mit *Noli me tangere* vollzieht sich dann, wie wir gesehen haben, die Wende. Sowohl die geistige Position als auch der Auftrag des Künstlers, für die Erneuerung der Menschen zu wirken, werden zurückgenommen. Hatte in *Hölle Weg Erde* die Idee die Wirklichkeit überwunden, so kommt es jetzt unter Ablehnung der Idee als "Afterbild" (II, 224) zum Verzicht auf den Dienst und zur Anerkennung der Wirklichkeit. Der Künstler gibt seine Verkünderrolle auf und wird Person. Hier handelt es sich jedoch noch erst um eine blosse Ablehnung des expressionistischen Künstlerbildes. Zur eigentlichen Auseinandersetzung mit dem Ideenkünstler kommt es erst in der *Flucht nach Venedig*. In George Sand vollzieht sich die Versöhnung von Geist und Leben im Künstler. Und damit kehrt Georg Kaiser in gewisser Weise zu dem Künstlerbild seiner Frühzeit zurück; denn wie der junge Vehgesack schafft George Sand aus dem Erlebnis. Allerdings wird die Totalität in ihr aus dem platonischen Mythos vom ursprünglich ganzen Menschen neu begründet und in der Auseinandersetzung mit dem Ideendichter Musset gerechtfertigt. Auch die Indifferenz des Künstlers aus der Frühzeit den Mitmenschen gegenüber stellt sich wieder her. Hatte der expressionistische Künstler im Verzicht auf das volle Leben die geistige Stellung bezogen, um die Erneuerung der Menschheit zu fördern, so stellt George Sand die Vollkommenheit auf Kosten der Mitmenschen in sich selbst her.

So erscheint der Expressionismus bei Georg Kaiser zunächst als eine Durchgangsphase, und man kann sich durchaus vorstellen, dass für ihn die Diskussion des Künstlertums beendet gewesen wäre, wäre es nicht von aussen erneut infrage gestellt worden. Tatsächlich war ja die Künstlerexistenz als Thema für ihn zwölf Jahre lang praktisch erledigt. Nun aber, nach 1933 und im Exil, zeigt es sich, dass Kaiser sich nach einem peinlichen Anbiederungsversuch erneut auf manche Aspekte des expressionistischen Künstlers besinnt. Auch Stefan M. in Kaisers *Agnete* geht es um die Versöhnung von Geist und Leben, aber es ist nicht mehr nur ein ganz selbstischer und rücksichtsloser Akt wie bei George Sand, sondern erneut ein Ideal, das sich im Werk des Künstlers für andere beispielhaft herstellt. Die Erneuerung des Menschen zu seiner ursprünglichen Ganzheit wird erneut Verheissung, und der Prozess dieser Erneuerung setzt mit den liebevollen Opfertaten Stefans, Heinrichs und Agnetes im Stück selbst bereits ein. Kunst wird also erneut Dienst an der Menschheit. Ein wichtiger Unterschied zum Expressionismus ist hier allerdings zu beachten: Dieser Dienst an der Menschheit erscheint nicht mehr als der eigentliche Beweggrund und das eigentliche Ziel der künstlerischen Tätigkeit. Vielmehr wird der Dienst am Werk in diesem Stück bereits ein Zweck an sich.

Diese Tendenz verstärkt sich im Verlauf aller folgenden Künstlerdramen Kaisers. Schon in *Vincent verkauft ein Bild* wird zwar von dem Nutzen der Kunst für die Menschheit noch gesprochen. Aber diesen Nutzen mögen die Menschen wahrnehmen oder nicht – dem Künstler geht es um den Dienst an der Kunst. Und je mehr nun die Umwelt dem Künstler gegenüber feindlich wird, desto mehr gehen Kunst und Wirklichkeit auseinander. Das ist nicht mehr die alte Dichotomie von Geist und Leben. War während des Expressionismus der Künstler von der Menge durch seine Verkümmerung im Geiste getrennt, und hatte er diese Verkümmerung als Opfer für die Menschen selber herbeigeführt, so besteht die Trennung des Künstlers von der Menge im Spätwerk in der Überlegenheit seiner Kunst, in der sich die Synthese von Geist und Leben herstellt, die den Menschen der Gegenwart fehlt. Sofern dieser Künstler jetzt den möglichen Nutzen seines Werkes für die Menschen hervorhebt und dafür Anerkennung verlangt, wird er von der Menge verstossen. Die Trennung des Künstlers von der Gesellschaft ist also nicht mehr durch seine Geistigkeit und nicht nur durch seine Überlegenheit bedingt, sondern vornehmlich durch die Böswilligkeit der Menge. Der Künstler der Spätzeit muss erfahren, dass man seine Kunst nicht will.

In *Klawitter*, *Pygmalion* und *Bellerophon* wird die Animosität zwischen Künstler und Menschen immer weitergeführt, wobei sich der Künstler immer stärker auf sein Werk konzentriert und immer weiter von den Menschen entfernt, bis er von den Göttern vor den Menschen in die Sterne gerettet wird. Wir können Edith Lach nicht recht geben, wenn sie schreibt, Kaiser habe in seinen drei griechischen Dramen Stoffe aus der griechischen Mythologie aufgegriffen, "um seine Botschaft von der Erlösung der Menschen durch die Kunst zu verkünden."[42] Wenn Kaiser hier darstellt, dass es die Kunstwerke

---

[42] Edith Lach, "Die Quellen zu Georg Kaisers Stücken," S. 346. Ähnlich einseitig urteilt Peter von Wiese, wenn er Kaisers *Pygmalion* als "Heilsdichtung" bezeichnet und den Helden einen "Erlöser" nennt ("Georg Kaiser: *Pygmalion*," in: *Das Deutsche Drama*, Hrsg. Benno von Wiese, Düsseldorf, 1964, Bd. II, S. 336 und S. 340).

und damit die Künstler sind, die Zeus davon abhalten, die Menschheit zu vernichten, dann ist das nichts als eine trotzige Wendung gegen die Umwelt, die diese Leistung des Künstlers nicht zu würdigen weiss. Es war ihm nicht mehr um die Erlösung der Menschen durch die Kunst zu tun, sondern um die Erlösung des Künstlers von den Menschen.

Zwischen dem Geist-Leben-Problem im Künstler und dem Prozess des künstlerischen Schaffens besteht ein enger Zusammenhang. In der Frühzeit schaffen die Künstler aus dem Erlebnis, Vehgesack gestaltet sein eigenes Reifen aus dem Verhältnis mit Frau Hornemann, Marius Madsen sucht das Erlebnis, um seine Symphonie komponieren zu können und findet es in der Trauer der Familie Krys um Lars. Kunst erwächst aus dem Leben. In den Stücken der expressionistischen Periode verbindet sich der Prozess der künstlerischen Hervorbringung mit der Opferidee. In seinem opfervollen Verzicht auf Leben – der Künstler nimmt die Einseitigkeit des Geistes auf sich – kommt dem Künstler die Erkenntnis von dem Wert des Lebens. Sein Werk entsteht aus der Sehnsucht nach diesem Leben, aus der Impotenz. Sein Opfer dient also nicht nur der Menschheit, sondern auch zugleich dem Werk. Dieser Gedanke, dass das Werk aus Lebensverzicht entsteht, taucht im Werk Georg Kaisers vom *Vehgesack* bis zum *Pygmalion* auf. Dabei findet der Vorgang im Laufe der Zeit eine verschiedene Bewertung.

Im *Fall des Schülers Vehgesack* erscheint er rein als Bild vom Gesang des gefangenen Vogels. Vehgesack selber schafft ja unmittelbar aus dem Erlebnis. Im *Geretteten Alkibiades* findet diese Vorstellung vom schöpferischen Hervorbringen seine Verbindung mit der Idee der Dichtung als Dienst an der Menschheit. Sokrates deutet die Leistung des Dichters hier so, dass er seine Lebensenergie an das Werk abgibt, eine Energie, die dann in den Zuschauern lebendig wird. In der *Flucht nach Venedig* dagegen erscheint dieser Vorgang als Vampyrismus, indem George Sand die Lebensenergie anderer ihrem Werk opfert. In dem gleichen Drama gestaltet sich aber der künstlerische Schaffens-prozess zugleich als jene dialektische Synthese von Geist und Leben, wie Kaiser sie in seinem Aufsatz "Die Sinnlichkeit des Gedankens" theoretisch entwickelt hatte. Und als solcher erscheint er, wie wir gezeigt haben, noch einmal in der Verbindung von Tat und Wort in *Agnete* und dem Umschlag von Traum und Wirklichkeit in *Pygmalion.* Auch diese Entwicklung in der Vorstellung von der künstlerischen Schaffenskraft unterstützt jenen Prozess der Wegwendung von den Mitmenschen und die Hinwendung an die Kunst, wie wir ihn oben beschrieben haben. Kommt des Künstlers Opfer an Leben im *Geretteten Alkibiades* noch den Mitmenschen zugute, so verwendet George Sand rücksichtslos das Leben anderer zur Hervorbringung ihres Werkes. In *Agnete* wird dann zwar der schöpferische Akt des Künstlers noch mit der Umwelt in Beziehung gebracht, im *Pygmalion* aber erscheint die Synthese von Idee und Wirklichkeit von vornherein als ein solipsistischer Akt des Künstlers. Das Werk wird nur um des Künstlers willen lebendig. Chaire lebt nur für

Pygmalion, liebt nur ihn wie er sie. Vor dem Publikum wird sie ängstlich verborgen.

Erweist sich der Künstler schon im Frühwerk als etwas Besonderes, so ist er seit der expressionistischen Schaffensperiode in Kaisers Stücken über die Menschen schlechterdings erhaben. In der Einseitigkeit des Geistes erkennt er die Zusammenhänge des menschlichen Lebens und hält wie niemand anders die Helle der Erkenntnis aus. In seiner Rettertat für die Menschen erstrahlt er in Opfergrösse. Selbst da, wo ihm, wie in *Noli me tangere,* seine Berufung als Verkünder des neuen Menschen radikal abgesprochen wird, wird er durch das Opfer seines Sehertums und den Auftrag, die Menschheit durch Schonung zu fördern, aufs neue erhöht. In der *Flucht nach Venedig* erscheint er als der ganze Mensch, der die ursprüngliche Vollkommenheit des Menschen in sich wiederhergestellt hat. Selbst im *Los des Ossian Balvesen,* wo er zum Bürger wird, ist er immer noch Held der redlichen Selbstbescheidung und Vorbild. Im Spätwerk ist es dann einfach die Leistung an Kunst, die ihn über die minderwertige Menge erhebt.

In vielen Stücken wird der Künstler mit Christus verglichen. Dabei sind es aber jeweils verschiedene Aspekte dieser Gestalt, die am Künstler sichtbar werden und seine Grösse als Erlöser unterstreichen sollen. In der "Erneuerung" ist es das Opfer, in *Hölle Weg Erde* die Botschaft der Nächstenliebe, in *Noli me tangere* die Menschwerdung, in *Pygmalion* und der Skizze "Eine Art Faust" das Märtyrertum. Auf der anderen Seite ist dem Künstler bei Georg Kaiser schon früh ein ausgeprägter Solipsismus und eine auffallende Rücksichtslosigkeit gegen die Mitmenschen eigen. Schon im Frühwerk, vor allem aber seit der *Flucht nach Venedig* ist die künstlerische Hervorbringung in zunehmendem Masse ein selbstischer Akt.

Kaiser hat in seinen Theoretischen Schriften und Briefen immer wieder betont, er schreibe in erster Linie für sich selbst. In der Künstlerfigur "15" in *Noli me tangere* wird diese egozentrische Haltung kritisiert, aber an George Sand, Abel Parr und Pygmalion tritt sie wieder hervor. In seinem Aufsatz "Dichter und Regisseur" hatte Kaiser Einseitigkeit und Ungerechtigkeit als "prägnanteste Vorzüge des schöpferischen Menschen" (IV, 552) bezeichnet. Die sittlichen Normen der bürgerlichen Gesellschaft finden auf die Künstlerfiguren seiner Dramen in der Regel keine Anwendung. Im Gegenteil, das Vergehen gegen die Gesetze wird zum Beweis ihrer Hingabe an das Werk. Das gilt schon für Spazierer, der versucht, den Juwelier zu erstechen, um der Menschheit ein Zeichen zu setzen. Und das gilt für Kaiser selbst, als er sich vor dem Gericht in München 1921 bereit erklärte, seine Kinder zu opfern, wenn das Werk es verlangte. Abel Parr in *Vincent verkauft ein Bild* verwirklicht sein Werk mit Hilfe des Betruges an Fenwick, und noch Pygmalion rechtfertigt seine Ausnutzung der reichen Witwe aus Korinth mit seiner Verpflichtung gegen das Werk. In einer Skizze zu dem Drama "Der Dombaumeister" aus der Exilzeit treibt Kaiser diesen Gedanken ins Extrem, wenn er hier den Künstler einen Doppelmord begehen lässt, um ihm mit der nachfolgenden Strafe die Vision der Leiden Christi aus dem Erlebnis zu ermöglichen.

Die Gestaltung des Künstlertums in den Dramen Kaisers führt zu keinem endgültigen Ergebnis. Die vielen und oft gegensätzlichen Züge der Künstlerfiguren lassen sich nicht in eine repräsentative Gestalt zusammenfassen. In einem bereits zitierten Aphorismus aus dem Exil schrieb der Dramatiker: "Ich versuche mir in meinen Werken darüber klar zu werden, wer ich bin. Das ist der Grund, weshalb ich schreibe" (IV, 633). Tatsächlich wurde bei der Besprechung der Künstlergestalten der biographische Zusammenhang immer wieder deutlich. Man kann daher unterstellen, dass Kaiser mit seinen Künstlerfiguren die verschiedenen Probleme und Stationen seines eigenen Künstlertums dargestellt hat, sein Verhältnis zu seinem Werk, zum Leben und zu den Mitmenschen. Gerade auch die Uneinheitlichkeit der Künstlerfiguren bestätigt die ganze innere Widersprüchlichkeit dieses Dramatikers, wie sie in der Bewertung seines eigenen Künstlertums in den Theoretischen Schriften und Briefen zum Ausdruck kam.

ERGEBNISSE

Ganz verschiedene und gegensätzliche Aspekte der Lebensauffassung bestimmen die Kunstauffassung Georg Kaisers, seine Vorstellungen von der Psychologie des künstlerischen Schaffens, von der Form, der Absicht und Wirkung von Dichtung sowie sein Bild vom Künstler. Der Grund künstlerischer Hervorbringung ist entweder der Gedanke oder die Sinnlichkeit oder die Synthese beider, die Absicht des Dramas Erkenntnis, Stauung von Energie oder Verkündung, seine Wirkung Einsicht, Steigerung von Lebensenergie oder geistig-sinnliche Vervollkommnung. Der Dichter war entsprechend entweder Dramendenker, Dramentäter oder vollkommener Mensch. Das Drama ist dem Dichter entweder ein selbstisches Mittel der Erkenntnis oder als Kritik und Anregung zu gleicher Denkleistung Mittel zur Einwirkung auf seine Zeit. Die vitalistische Bestimmung von Kunst bewirkt die Intensität der Aussage, den pathetischen Aufruf und die Dynamik der Handlung. Dichtung ist "Form von Energie" (IV, 570), Verkündung des Lebens, des Werkes, der "neuen Tat." Als Drama dient sie dem Dichter entweder als ein allein für sich hervorgebrachtes Erlebnis aus Lebenssehnsucht oder als Mittel entweder zum Angriff auf die "Sitten und Formeln seiner Mitzeit" (IV, 553) oder zur Erweckung gleicher Leistung an Energie.

Kaisers Bewertung des eigenen Künstlertums beweist, dass diese Widersprüchlichkeit in der Lebens- und Kunstauffassung seiner Theoretischen Schriften nicht einfach ein Programm ist, sondern Ausdruck seines eigenen unlösbaren Lebenskonflikts. Kaiser selbst schwankte zwischen einer geistigen und erlebnishaft-sinnlichen Bestimmung seines Künstlertums hin und her. Er brauchte einerseits den wirklichkeitsfreien Raum, um zu schreiben und versicherte wiederholt, nicht für Theater und Publikum, sondern nur für sich selbst zu schaffen, verwarf aber auf der anderen Seite gerade diese geistige und solipsistische Position, weil sie ihn des Erlebnisses beraubte. So floh er aus den luftleeren Höhen des Geistes in das blühende Leben, um sich erneut in die letzte Einsamkeit seines Künstlertums zurückzuziehen, als die Wirklichkeit seine Kunst und sein Leben bedrohte. Die Antithese von Geist und Leben blieb daher auch in seiner persönlichen Existenz ungelöst. Er sah sich als Ideendichter und als Erlebnisdichter und konnte in seiner Beurteilung der Welt und des Menschen genauso leidenschaftlich optimistisch wie pessimistisch sein. Er sah sich einerseits gerne als Führer inmitten der Menschheit, die er mit seinem Werk zu erneuern trachtete und zog sich doch ebenso betont vor ihr in eine selbstbezeugte Erhabenheit zurück. Er überschätzte bei weitem die Möglichkeit seiner Kunst, auf die Veränderung der Wirklichkeit zu wirken und musste doch schliesslich seine Ohnmacht erkennen. Unabhängig von dieser widersprüchlichen Bewertung seines Künstlertums, zeigt sich bei Kaiser bei zunehmender Vereinsamung eine pathologische Selbstüberschätzung, die sich auch in den Künstlerfiguren seines Spätwerks ausdrückt.

Während sich der Künstler in den frühen Dramen Georg Kaisers dem Bürgertum gegenübersieht, unterscheidet der expressionistische Künstlertyp zwischen dem "Bürger" und dem "Menschen" als Gattungswesen. Während er dem ersten gegenüber als "Widersacher" auftritt, wird er dem zweiten von einer extrem geistigen oder sittlichen Position her zum Führer und Erlöser. Die Tatsache aber, dass es sich bei seinem Gegenüber hier um einen abstrakten Begriff handelt, den er ohne Rücksicht auf konkrete Bedingungen und Möglichkeiten gedanklich setzen kann, macht seine Humanität so subjektiv wie blutlos. Die Wendung aus dieser abstrakten Stellung, die Ablehnung des Künstlers als Seher und Führer und die Flucht in das volle Leben, wie wir sie um 1921 an Kaiser als Person feststellten, manifestiert sich auch in den Künstlerdramen jener Zeit. Fortan findet sich eine zunehmende Berücksichtigung der Realität in Kaisers Werken. Sobald aber diese Realität den Dichter in seine Einsamkeit zurückstösst, wandelt sich die Anerkennung der Wirklichkeit zunehmend in ihre Verdammung und wird der Verzicht des Künstlers auf seine Erlöserrolle wieder zurückgenommen. Jetzt hat sich der Bürger gleichsam in die Menschheit ausgeweitet, und je mehr diese ihre Kunstfeindlichkeit steigert, desto mehr enthebt sich ihr der Künstler in das Heiligtum seiner Kunst, wo sich allein noch die angestrebte mythische Vollkommenheit verwirklichen kann. Je mehr aber die Kunst als stellvertretende Leistung der Vollkommenheit gesehen wird, als einzige Rechtfertigung dafür, dass die Menschheit bei all ihrer Verdorbenheit überhaupt noch bestehen darf, desto stärker nimmt sich das Verdammungsurteil gegen die "Herde" (VI, 681) Mensch aus, die diese Leistung der Kunst nicht zu würdigen weiss. Dadurch, dass sie sich an dem Künstler vergeht, der die Göttlichkeit im Menschen vertritt, wird der Künstler, der in den expressionistischen Dramen um "des Menschen" willen zum Selbstopfer bereit war, zum Opfer der Bürger, zum Märtyrer.

Sieht man von Kaisers letztem dramatischen Versuch *Eine Art Faust* von 1944 auf seinen frühen Einakter *Faust* von 1897 zurück, so stellt man überrascht fest, dass sich an Kaisers Selbsteinschätzung in diesen fünfzig Jahren wenig geändert hat. Was bei dem Neunzehnjährigen noch übertrieben und unglaubhaft wirkt, der Wunsch, Lehrer der Menschheit zu sein, hat sich bis ins Spätwerk erhalten, auch wenn die vagen Tagträume der Jugend zuletzt in Verzweiflung umgeschlagen waren. Tatsächlich kann man bei Kaiser als Person und Künstler von einem gewissen Mangel an Entwicklung und Reifung sprechen. Seine gegensätzlichen inneren Neigungen, die Kunst als alleinigen Lebens- und Erlebnisgrund zuzulassen, die Einsicht aber gleichzeitig, dass die Kunst ihm den Verlust an Realität nicht ersetzen konnte, wie sein disparates Verhältnis zur Wirklichkeit mit der leidenschaftlichen Hinwendung an die Menschheit und der verzweifelten Flucht vor ihr, sind für seine Jugend ebenso bezeichnend wie für das Alter. Paulsen meinte: "Kaiser hat, darin ganz Erbe der Schiller-Hebbel-Tradition, von sich fortgedichtet, seine Werke in Lebenskreise gestellt, die sich mit seinem eigenen, persönlichen und privaten fast gar nicht berühren."[1] Das ist richtig, jedenfalls in Bezug auf das Stoffliche in seinen Stücken. Und doch trifft gleichzeitig zu, dass Kaisers Dramen immer wieder um die Probleme kreisen, die in seiner eigenen Künstlerexistenz von höchster Bedeutung waren: das Geist-Leben-Problem, die Flucht in einen reinen Raum jenseits der verwirrenden Realität, das Bemühen, die Menschheitsentwicklung zu beeinflussen. Daher blieb auch das dichterische Werk letztlich immer an die komplexe innere Problematik Kaisers gebunden, fehlt auch hier eine durchgehende "organische" Entwicklung, ein Ausgleich der Gegensätze.

Die Impulsivität, mit der dieser Dichter Anregungen und Ideen aufgriff und dramatisierte, verstärkte noch die Beziehungslosigkeit, in der die Dramen zeitlich oft nebeneinanderstehen. Auch kann sich der Leser nicht immer sicher sein, inwieweit die Kaiserschen Dialoge – wie wiederholt versichert – nur der Erkenntnis des Autors dienten, inwieweit daher die pathetische Geste im Sinne der Verkündung ernst zu nehmen ist. Die Wendung ins Gegenteil, die der Person Kaisers so eigentümlich war, prägt auch das Werk, und zwar formal wie thematisch. Königsgarten schreibt: "Von Anfang an verband sein Drama zwei anscheinend widersprechende Stilelemente: den leidenschaftlichen subjektiven Ausbruch, sei es Bekenntnis, Mahnung oder Botschaft – und die verstandesklare, genau kalkulierte dramatische Konstruktion."[2] Auch Kaisers Sprache weist, wie Werner Geifrig festgestellt hat, beide Stiltendenzen auf: "Das Wesensmerkmal der Sprache Georg Kaisers," so fasst er seine Analyse von 1968 zusammen, "ist die Synthese tektonischer und dynamischer Gestaltungselemente zu einer Wirkungseinheit."[3] Ergibt sich hier von einer aktivistischen Absicht her noch eine Synthese, so stehen thematisch die Gegensätze oft unvereinbar nebeneinander. Mitten in der expressionistischen Periode, in der er die Menschheit zur Erneuerung aufruft, schrieb Kaiser sein makabres Nachtstück Der Brand im Opernhaus (1917/18), in dem die verdorbene menschliche Gesellschaft von jeder Erneuerung ausgeschlossen wird. Ganz ähnlich schiebt Kaiser 20 Jahre später in seiner Rosamunde Floris (1937) der menschlichen Erneuerung einen Riegel vor, um dann doch noch bis in die letzten Werke den "neuen Menschen" zu verkünden. Aus solchen Gründen scheitern die Versuche, Kaisers Werk zu periodisieren und unter eine Formel zu bringen.

---

[1] W. Paulsen, Georg Kaiser, S. 80.
[2] H. F. Königsgarten, "Georg Kaiser, der Dramatiker des Geistes," S. 516.
[3] Werner Geifrig, "Georg Kaisers Sprache im Drama des expressionistischen Zeitraums," (Diss. München, 1968), S. 167.

BIBLIOGRAPHIE

1. Forschungsliteratur zu Georg Kaiser

Adling, Wilfried. "Georg Kaisers Drama *Von morgens bis mitternachts* und die Zersetzung des dramatischen Stils." *Weimarer Beiträge,* 5 (1959), 369–386.
Adolph, Rudolph. "Georg Kaiser." *Aussaat,* 2 (1947/48), 46–47.
– "Georg Kaisers Exilschaffen." *Die Quelle,* 2 (1948), 55–62.
– "Georg Kaisers letzte Jahre." *Frankfurter Hefte,* 8 (1953), 380–384.
Arnold, Armin. "Georg Kaiser in der Schweiz: Seine letzten Jahre nach den Briefen an Cäsar von Arx." *Schweizer Rundschau,* 58 (1958/59), 514–530.
– "Der Status Georg Kaisers." *Frankfurter Hefte,* 24 (1969), 503–512.
– "Georg Kaiser und G. B. Shaw: Eine Interpretation der *Jüdischen Witwe.*" *German Life and Letters,* 23 (1969/70), 85–92.
Arntzen, Helmut. "Wirklichkeit als Kolportage: Zu drei Komödien von Georg Kaiser und Robert Musil." *Deutsche Vierteljahrsschrift,* 36 (1962), 544–561.
Bachler, Karl. "Georg Kaiser und das Drama Platons." *Die Literatur,* 34 (1931/32), 549–550.
Beer, Willy. "Untersuchungen zur Problematik des expressionistischen Dramas, unter besonderer Berücksichtigung der Dramatik Georg Kaisers und Fritz von Unruhs." Diss. Breslau, 1934.
Behrsing, Kurt. "Sprache und Aussage in der Dramatik Georg Kaisers." Diss. München, 1956.
Buckley, R. W. "Georg Kaiser: His life, works and technique." Diss. Liverpool, 1925.
Denkler, Horst. "Die Sinnlichkeit des Gedankens." *Deutsche Rundschau,* 79 (1953), 1183–1184.
– *Kaiser, "Die Bürger von Calais:" Drama und Dramaturgie, Interpretation.* München, 1967.
Derrenberger III. John Paul. "Pessimism in the works of Georg Kaiser." Diss. University of Texas, 1971.
Diebold, Bernhard. *Der Denkspieler Georg Kaiser.* Frankfurt/Main, 1924.
Elbe, Anna Margarethe. "Technische und soziale Probleme in der Dramenstruktur Georg Kaisers." Diss. Köln, 1959.
Fabian, Hans Joachim. "Georg Kaiser's *Pygmalion* in the light of Goethe's *Tasso.*" Diss. Ohio State University, 1963.
Fivian, Eric Albert. *Georg Kaiser und seine Stellung im Expressionismus.* München, 1946.
Fix, Wolfgang. "Es ist nichts so, wie es ist: Das dramatische Werk Georg Kaisers." *Deutsche Rundschau,* 76 (1950), 474–478.
– "Die Ironie im Drama Georg Kaisers." Diss. Heidelberg, 1951.
Freyhan, Max. *Georg Kaisers Werk.* Berlin, 1926.
Fritze, Hanns H. "Über das Problem der Zivilisation im Schaffen Georg Kaisers." Diss. Freiburg i.Br., 1955.
Fruchter, Moses J. "The social dialectic in Georg Kaiser's dramatic works." Diss. Philadelphia, 1933.
Fürdauer, Viktor. "Georg Kaisers dramatisches Gesamtwerk." Diss. Wien, 1950.
Garten, Hugo F. "Georg Kaiser and the expressionist movement." *Drama,* 37 (1955), 18–21.
– "Georg Kaiser," *German men of letters,* Hrg. Alex Nathan. Bd. II, London, 1963 (155–172).
– "Georg Kaisers Theorie des Dramas: Zur expressionistischen Ästhetik." *Monatshefte* (Wisconsin), 61 (1969), 41–48.

Geifrig, Werner. "Georg Kaisers Sprache im Drama des expressionistischen Zeitraums." Diss. München, 1968.

Glaser, Hermann. "Georg Kaiser: *Die Bürger von Calais*," *Europäische Dramen von Ibsen bis Zuckmayer,* Hrsg. Ludwig Büttner. 3. Aufl.; Frankfurt/Main, Berlin, Bonn, o.J. (175–184).

– "Georg Kaiser: *Die Koralle, Gas I, Gas II*," *Europäische Dramen von Ibsen bis Zuckmayer,* Hrsg. Ludwig Büttner. 3. Aufl.; Frankfurt/Main, Berlin, Bonn, o.J. (1985–194).

Goulden, William O. "Die Problematik der Wirklichkeit in den Dramen von Georg Kaiser." Diss. Köln, 1953.

Gröll, Hans Dieter. "Untersuchungen zur Dialektik in der Dichtung Georg Kaisers." Diss. Köln, 1964.

Helt, Richard Charles. "Untersuchungen zum Pessimismus in den sozialen Dramen Georg Kaisers." Diss. Washington University, 1972.

Huder, Walther. "Vorstoss ins Religiöse: Zu Fragmenten Georg Kaisers aus dem Exil." *Welt und Wort,* 12 (1957), 295–296.

– "Die nackte Wahrheit bis zuletzt: Dem Dichter Georg Kaiser zum Gedächtnis." *Deutsche Rundschau,* 84 (1958), 1025–1030.

– "Gedenkwort für Georg Kaiser." *Sinn und Form,* 11 (1959), 257–268.

– "Georg Kaiser," *Die Dichter des humanistischen Aufbruchs,* Hrsg. Gertrud Schwärzler. München, 1960 (43–54).

– "Der Epiker Georg Kaiser." *Sinn und Form,* 12 (1960), 897–908.

– "Die politischen und sozialen Themen in der Exil-Dramatik Georg Kaisers." *Sinn und Form,* 13 (1961), 596–614.

– "Jede Spur ist siebenfach ein Siegel: Die späte Lyrik Georg Kaisers." *Akzente,* 9 (1962), 130–143.

Ihrig, Erwin. *"Die Bürger von Calais:* Auguste Rodins Denkmal – Georg Kaisers Bühnenspiel." *Wirkendes Wort,* 11 (1961), 290–303.

Jacobs, Monty. "Der Bühnendichter Georg Kaiser." *Das literarische Echo,* 20 (1917), 313–320.

Jetter, Marianne R. "Some thoughts on Kleist's *Amphitryon* and Kaiser's *Zweimal Amphitrion."* German Life and Letters, 13 (1959/60), 178–189.

Jones, Robert Alstone. "German drama on the American stage: The case of Georg Kaiser." *The German Quarterly,* 37 (1964), 17–25.

Kändler, Klaus. "Georg Kaiser, der Dramatiker des neuen Menschen." *Wissenschaftliche Zeitschrift der Karl Marx Universität Leipzig. Gesellschafts- und Sprachwissenschaftliche Reihe,* 7 (1957/58), 297–303.

Kauf, Robert. "Faith and despair in the works of Georg Kaiser." Diss. Chicago, 1954.

– *"Schellenkönig:* An unpublished early play by Georg Kaiser." *The Journal of English and German Philology,* 55 (1956), 439–450.

– "Georg Kaiser's social tetralogy and the social ideas of Walther Rathenau." *PMLA,* 77

Kaufmann, F. W. "Zum Problem der Arbeit bei Otto Ludwig, Gerhard Hauptmann und Georg Kaiser." *Monatshefte* (Wisconsin), 40 (1948), 321–327.

Kenworthy, Brian. *Georg Kaiser.* Oxford, 1957.

Kesten, Hermann. "Georg Kaiser." *Welt und Wort,* 8 (1953), 364–365.

Kober-Merzbach, Margaret. "Die Wandlungen des Doppelgängermotivs in Georg Kaisers letzten Werken." *The German Quarterly,* 28 (1955), 101–105.

Königsgarten, Hugo F. *Georg Kaiser. Mit einer Bibliographie von Alfred Löwenberg.* Potsdam, 1928.

– "Georg Kaiser: The leading playwright of Expressionism." *German Life and Letters,* 3 (1939), 195–205.

— "Georg Kaiser: Der Dramatiker des Geistes." *Der Monat*, 4 (1952), 516–537.
— "Georg Kaiser," *Deutsche Dichter der Moderne: Ihr Leben und Werk*, Hrsg. Benno von Wiese. Berlin, ² 1969 (463–481).
Künzel, Horst. "Die Darstellung des Todes in den Dramen Gerhard Hauptmanns und Georg Kaisers." Diss. Erlangen, 1962.
Kuxdorf, Manfred. *Die Suche nach dem Menschen im Drama Georg Kaisers.* Berlin, Frankfurt/Main, 1971.
Lach, Edith. "Die Quellen zu Georg Kaisers Stücken." Diss. McGill University, 1971.
Lämmert, Eberhard. "Georg Kaiser: *Die Bürger von Calais,*" *Das deutsche Drama: Vom Barock bis zur Gegenwart. Interpretationen*, Hrsg. Benno von Wiese. Bd. II, Düsseldorf, 1958 (305–324).
Landauer, Gustav. *Ein Weg des deutschen Geistes: Goethe – Stifter – Kaiser.* München, 1916.
Last, Rex W. "Symbol and struggle in Georg Kaiser's *Die Bürger von Calais.*" *German Life and Letters,* 19 (1965/66), 201–209.
— "Kaiser, Rodin and the *Burghers of Calais.*" *Seminar*, 5 (1969), 36–44.
Lewin, Ludwig, *Die Jagd nach dem Erlebnis: Ein Buch über Georg Kaiser.* Berlin, 1926.
Linick, Leroy Marion. *Der Subjektivismus im Werk Georg Kaisers.* Diss. Zürich, 1937. Strassburg, 1937.
Loram, Ian C. "Georg Kaisers *Der Soldat Tanaka:* Vollendeter *Woyzeck?* " *German Life and Letters,* 10 (1956), 43–48.
— "Georg Kaiser's Swan Song: *Griechische Dramen.*" *Monatshefte* (Wisconsin), 49 (1957), 23–30.
Makus, Horst. "Die Lyrik Georg Kaisers im Zusammenhang seines Werkes: Mit einer vollständigen Bibliographie der Lyrik." Diss. Marburg, 1970.
Mann, Otto. "Georg Kaiser," *Expressionismus,* Hrsg. Hermann Friedmann und Otto Mann. Heidelberg, 1956 (264–279).
Meese, Arnold. "Die Theoretischen Schriften Georg Kaisers." Diss. München, 1965.
Naulmann, Werner. "Das Liebeserlebnis im dramatischen Werk Georg Kaisers." Diss. München, 1951.
Neermann, Gerd. "Stil und Dramenformen der Hauptwerke Georg Kaisers." Diss. Tübingen, 1950.
Omankowski, Willibald. *Georg Kaiser und seine besten Bühnenwerke.* Berlin, 1922.
Paulsen, Wolfgang. "Georg Kaiser im expressionistischen Raum: Zum Problem einer Neudeutung seines Werkes." *Monatshefte* (Wisconsin), 50 (1958), 289–303.
Paulsen, Wolfgang. *Georg Kaiser: Die Perspektiven seines Werkes. Mit einem Anhang: Das dichterische und essayistische Werk Georg Kaisers, eine historisch-kritische Bibliographie.* Tübingen, 1960.
— "Georg Kaiser," *Handbuch der deutschen Gegenwartsliteratur,* Hrsg. Hermann Kunisch. München, 1965 (331–333).
Reichert, Herbert. "Nietzsche and Georg Kaiser." *Studies in Philology*, 61 (1964), 85–108.
Rosenthal, Helmut. *"Die Bürger von Calais:* Eine Studie zu dem Bühnenspiel Georg Kaisers." Diss. Hamburg, 1925.
Rück, Heribert. "Naturalistisches und expressionistisches Drama: Dargestellt an Gerhard Hauptmanns *Ratten* und an Georg Kaisers *Bürger von Calais.*" *Deutschunterricht*, 16 (1964), 39–53.
Schmidt, Karl-Heinz. "Zur Gestaltung antagonistischer Konflikte bei Brecht und Kaiser: Eine vergleichende Studie." *Weimarer Beiträge*, 11 (1965), 551–569.
Schmitt, Norbert. "Grundzüge der expressionistischen Dramatik in Deutschland unter besonderer Berücksichtigung Georg Kaisers." Diss. Bern, 1949.

Schneider, Karl Ludwig. "Des Bürgers gute Stube: Anmerkungen zur Raumsymbolik in Sternheims *Bürger Schippel* und Kaisers *Von morgens bis mitternachts,*" *Wissenschaft als Dialog,* Hrsg. Renate von Heydebrand und Klaus Günther Just. Stuttgart, 1969 (242–248).

Schürer, Ernst. "Metapher, Allegorie und Symbol in den Dramen Georg Kaisers." Diss. Yale University, 1965.

– *Georg Kaiser.* New York, 1971.

– *Georg Kaiser und Bertolt Brecht: Über Leben und Werk.* Frankfurt/Main, 1971.

Schütz, Adolph Munke. "Georg Kaisers Nachlass: Eine Untersuchung über die Entwicklungslinien im Lebenswerk des Dichters." Diss. Bern, 1951.

Staub, August W. "From Ibsen to Kaiser: The subjective perspective," *Explorations of Literature,* Hrsg. R. D. Reck. Baton Rouge, 1966 (3–14).

Steffens, Wilhelm. *Georg Kaiser.* Velber, 1969.

Steinmann, Theo. "Kaiser und Golding: Es werden die Erwachsenen wie die Kinder sein." *Schweizer Rundschau,* 70 (1971), 238–244.

Trautmann, Werner. "Untersuchungen zu einer Stilbestimmung des dramatischen Spätwerks Georg Kaisers." Diss. München, 1953.

Tunstall, George Charles. "Stylistic development in the early dramas of Georg Kaiser: From *Rektor Kleist* to *Die Bürger von Calais.*" Diss. Princeton University, 1968.

Urrisk, Otto Robert. "Georg Kaiser, das literarische Phänomen des Expressionismus." Diss. Wien, 1948.

Weiss, Adam F. "Georg Kaiser's *The Citizens of Calais,* Hanns Johst's *Schlageter,* and Wolfgang Borchert's *Outside before the door:* Three translations and an examination of the social image expressed in the plays." Diss. University of Denver, 1965.

Wiese, Peter von. "Georg Kaiser und das Problem der dramatischen Form." Diss. Köln, 1955.

– "Georg Kaiser: *Pygmalion,*" *Das deutsche Drama: Vom Barock bis zur Gegenwart. Interpretationen,* Hrsg. Benno von Wiese. Bd. II, Düsseldorf, 1964 (328–340).

Wildenhof, Ulrich. "Georg Kaisers *Die Bürger von Calais.*" *Deutschunterricht,* 18 (1966), 42–53.

Winkler, Wolfgang. "Vision und Figur: Versuch einer Deutung des Dramatikers Georg Kaiser als eines Gestalters von Träumen." Diss. Marburg, 1957.

Ziegler, Klaus. "Georg Kaiser und das moderne Drama." *Hebbel-Jahrbuch,* (1952), 44–68.

2. Literarische und kritische Texte des Expressionismus

Edschmid, Kasimir. *Über den Expressionismus in der Literatur und die neue Dichtung.* Berlin, 1919.

– *Frühe Manifeste: Epochen des Expressionismus.* Hamburg, 1957.

– Hrsg. *Briefe der Expressionisten.* Frankfurt/Main, Berlin, 1964.

Hasenclever, Walter. *Gedichte, Dramen, Prosa,* Hrsg. Kurt Pinthus. Reinbek bei Hamburg, 1963.

Kayser, Rudolf. "Das neue Drama." *Das Junge Deutschland,* 1 (1918), 138–141.

Pörtner, Paul, Hrsg. *Literaturrevolution 1910–1925: Dokumente, Manifeste, Programme.* Bd. I, Darmstadt, Neuwied, Berlin, 1960.

Raabe, Paul und Greve, H. L., Hrsg. *Expressionismus, Literatur und Kunst 1910–1923: Eine Ausstellung des deutschen Literaturarchivs im Schiller-Nationalmuseum, Marbach a.N. vom 8.5. bis 31.10.1960.* München, 1960.

Raabe, Paul, Hrsg. *Expressionismus: Aufzeichnungen und Erinnerungen der Zeitgenossen.* Olten, 1965.

Sorge, Reinhard Johannes. *Werke in drei Bänden,* Hrsg. Gerd Rötzer. Nürnberg, 1962.
Toller, Ernst. *Prosa, Briefe, Dramen, Gedichte,* Hrsg. Kurt Hiller. Reinbek bei Hamburg, 1961.

3. Forschungsliteratur zur modernen deutschen Dichtung

Arnold, Armin. *Expressionismus als Literatur: Gesammelte Studien,* Bern, 1969.
– *Die Literatur des Expressionismus: Sprachliche und thematische Quellen.* Stuttgart, Berlin, Köln, Mainz, 1966.
Brinkmann, Richard. *Expressionismus: Forschungsprobleme 1952–1960.* Stuttgart, 1961.
– "Neue Literatur zum Expressionismus." *Deutsche Vierteljahrsschrift,* 34 (1960), 306–322.
Collins, Ralph Stokes. *The artist in the modern German drama.* Diss. Johns Hopkins University, 1938. Baltimore, 1940.
Denkler, Horst. *Drama des Expressionismus: Programm, Spieltext, Theater.* München, 1967.
Dietrich, Margret. *Das moderne Drama: Strömungen, Gestalten, Motive.* Stuttgart, 1961.
Duwe, Willi. *Deutsche Dichtung des 20. Jahrhunderts: Vom Naturalismus zum Surrealismus.* Zürich, 1962.
Friedmann, Hermann und Mann, Otto, Hrsg. *Deutsche Literatur im 20. Jahrhundert: Gestalten und Strukturen.* 2 Bände, 4. Aufl., Heidelberg, 1961.
– *Expressionismus: Gestalten einer literarischen Bewegung.* Heidelberg, 1956.
Garten, Hugo F. *Modern German drama.* 2. Aufl., London, 1964.
Lämmert, Eberhard. "Das expressionistische Verkündigungsdrama." *Der deutsche Expressionismus: Formen und Gestalten,* Hrsg. Hans Steffen. Göttingen, 1965 (138–156).
Lukács, Georg. "Grösse und Verfall des Expressionismus," G. L. *Werke.* Bd. IV, Neuwied, Berlin, 1971 (109–149).
Martens, Gunter. *Vitalismus und Expressionismus.* Stuttgart, Berlin, Köln, Mainz, 1971.
Otten, Karl. "Das dichterische Drama des Expressionismus," *Schrei und Bekenntnis: Expressionistisches Theater,* Hrsg. Karl Otten. Darmstadt, Neuwied, Berlin, 1959 (7–44).
Paulsen, Wolfgang. "Die deutsche expressionistische Dichtung des 20. Jahrhunderts und ihre Erforschung," *Universitas,* 17 (1962), 411–422.
– Hrsg. *Aspekte des Expressionismus: Periodisierung, Stil, Gedankenwelt. Die Vorträge des ersten Kolloquiums in Amherst, Massachusetts.* Heidelberg, 1968.
Raabe, Paul. "Die Revolte der Dichter: Die frühen Jahre des literarischen Expressionismus, 1910–1914." *Der Monat,* 16 (August, 1964), 86–93.
– "Expressionismus: Ein Literaturbericht." *Deutschunterricht,* 16 (1964), Beilage zu Heft 2, S. 1–32.
Riedel, Walter E. *Der neue Mensch: Mythos und Wirklichkeit.* Bonn, 1970.
Rothe, Wolfgang, Hrsg. *Expressionismus als Literatur: Gesammelte Studien.* Bern, 1969.
Schneider, Karl Ludwig. "Neue Literatur zur Dichtung des deutschen Expressionismus." *Euphorion,* 47 (1953), 99–110.
Shaw, Leroy R. *The playwright and historical change.* The University of Wisconsin Press, 1970.
Sokel, Walter Herbert. *The writer in extremis: Expressionism in twenthieth-century German Literature.* Stanford University Press, 1959.
Žmegač, Viktor. "Zur Poetik des expressionistischen Dramas," *Deutsche Dramentheorien,* Hrsg. R. Grimm. Bd. II, Frankfurt/Main, 1971 (482–515).

4. Erinnerungswerke

Beierle, Alfred. "Begegnung mit Georg Kaiser." *Aufbau,* 2 (1948), 988–990.
Edschmid, Kasimir. *Lebendiger Expressionismus: Auseinandersetzungen, Gestalten, Erinnerungen. Mit 31 Dichterporträts von Künstlern der Zeit.* Wien, 1961.
Fechter, Paul. *Menschen und Zeiten: Begegnungen aus fünf Jahrzehnten.* Gütersloh, 1948.
Günther, Herbert. *Drehbühne der Zeit: Freundschaften, Begegnungen, Schicksale.* Hamburg, 1957.
Hildebrandt, Kurt. *Erinnerungen an Stefan George und seinen Kreis.* Bonn, 1965.
Ihring, Herbert. *Die Zwanziger Jahre.* Berlin, 1948.
– *Von Reinhardt bis Brecht: Vier Jahrzehnte Theater und Film,* 3 Bände, Berlin, 1958–1960.
Kasack, Hermann, *Mosaiksteine: Beiträge zu Literatur und Kunst.* Frankfurt/Main, 1956.
– "Deutsche Literatur im Zeichen des Expressionismus." *Merkur,* 15 (1961), Heft 4, S. 353–363.
Kesten, Hermann. *Meine Freunde die Poeten.* München, 1959.
Landauer, Gustav. "Fragment über Georg Kaiser," *Der werdende Mensch.* Potsdam, 1921.
Marx, Julius. *Georg Kaiser, ich und die anderen: Alles in einem Leben. Ein Bericht in Tagebuchform.* Gütersloh, 1970.
Otto, Karl. "Ein Jahr bei Georg Kaiser: Persönliche Erinnerungen eins Freundes." *Aufbau,* 2 (1946), 970–972.
Schreyer, Lothar. *Expressionistisches Theater: Aus meinen Erinnerungen.* Hamburg, 1948.

5. Philosophische Texte

Nietzsche, Friedrich. *Werke in drei Bänden,* Hrsg. Karl Schlechta. München, 1954.
Platon. *Das Gastmahl,* Hrsg. Otto Apelt. Leipzig, 1926.
– *Phaidon,* Hrsg. Otto Apelt. Leipzig, 1920.